J. M. Coetzee

Der Junge

Eine afrikanische Kindheit

Aus dem Englischen von
Reinhild Böhnke

S. Fischer

Die englische Originalausgabe erschien 1997
unter dem Titel *Boyhood. Scenes from Provincial Life*
bei Viking, Penguin Books, Ltd., London.

Gesamtherstellung: Clausen & Bosse, Leck
Printed in Germany 1998
ISBN 3-10-010811-6

Eins

Sie wohnen in einer Vorortsiedlung von Worcester, zwischen der Bahnlinie und der Nationalstraße. Die Straßen in der Siedlung haben Baumnamen, aber noch keine Bäume. Ihre Adresse ist: Pappelallee Nr. 12. Alle Häuser der Siedlung sind neu, und eins gleicht dem anderen. Sie stehen auf großen Grundstücken, die mit Drahtzäunen voneinander getrennt sind. Es gibt dort nur roten Lehm, auf dem nichts wächst. In jedem Hinterhof ist ein kleines Gebäude mit einem Raum und einer Toilette darin. Obwohl sie keinen Diener haben, heißt das bei ihnen »das Dienstbotenzimmer« und »die Dienstbotentoilette«. Sie nutzen das Dienstbotenzimmer als Lager für Zeitungen, leere Flaschen, einen kaputten Stuhl, eine alte Kokosmatratze.

Hinten im Hof legen sie einen Geflügelauslauf an und setzen drei Hühner hinein, die Eier für sie legen sollen. Aber die Hühner gedeihen nicht. Regenwasser, das im Lehm nicht versickern kann, steht in Pfützen im Hof. Der Auslauf verwandelt sich in einen stinkenden Morast. Die Hühner entwickeln unförmige Geschwülste an den Beinen, als hätten sie Elefantiasis. Sie wirken krank und böse und hören auf zu legen. Die Mutter fragt ihre Schwester in Stellenbosch um

Rat, und die sagt, sie würden erst wieder legen, wenn man ihnen die verhornten Stellen unter der Zunge herausgeschnitten habe. Seine Mutter nimmt also die Hühner eins nach dem anderen zwischen die Knie, drückt auf ihre Kiefer, bis sie die Schnäbel aufreißen, und stochert mit der Spitze eines Schälmessers unter ihren Zungen herum. Die Hühner krakeelen und kämpfen, die Augen quellen ihnen hervor. Schaudernd wendet er sich ab. Er denkt daran, wie seine Mutter ein Stück Schmorfleisch auf den Küchentisch wirft und es in Würfel schneidet; er denkt an ihre blutigen Finger.

Die nächsten Geschäfte sind eine Meile entfernt, und man kann sie nur über eine öde Eukalyptuschaussee erreichen. Da die Mutter in diesem Kasten von einem Haus in der Siedlung eingesperrt ist, bleibt ihr nichts anderes übrig als den ganzen Tag sauberzumachen und aufzuräumen. Wenn es windig ist, wirbelt feiner ockerfarbener Staub unter den Türen hindurch in die Wohnung, dringt durch die Fensterritzen, unter dem Dachgesims und durch die Deckenfugen herein. Nach einem stürmischen Tag liegt der Staub zentimeterhoch an der vorderen Hauswand.

Sie schaffen einen Staubsauger an. Jeden Morgen zieht die Mutter den Staubsauger von Zimmer zu Zimmer hinter sich her und saugt den Staub in seinen brüllenden Bauch, auf dem ein grinsender roter Kobold in die Höhe springt wie ein Hürdenläufer. Warum ausgerechnet ein Kobold?

Er spielt mit dem Staubsauger, zerreißt Papier und beobachtet, wie die Schnitzel Blättern im Wind gleich in den Schlauch hinaufgesaugt werden. Er hält den Schlauch über eine Ameisenstraße und saugt die Ameisen in den Tod.

In Worcester gibt es Ameisen, Fliegen, eine Flohplage. Worcester liegt nur neunzig Meilen von Kapstadt entfernt, doch alles ist hier schlimmer. Über seinen Socken hat er einen Ring von Flohbissen und Narben vom Kratzen. Manchmal kann er nachts nicht schlafen, weil es so juckt. Er versteht nicht, warum sie überhaupt aus Kapstadt fortziehen mußten.

Auch die Mutter ist unruhig. Wenn ich nur ein Pferd hätte, sagt sie. Dann könnte ich wenigstens im Veld reiten. Ein Pferd! sagt der Vater. Du willst wohl Lady Godiva sein?

Sie kauft kein Pferd. Dafür kauft sie sich überraschend ein Fahrrad, ein Damenrad, gebraucht, schwarz lackiert. Es ist so groß und schwer, daß er die Pedale nicht bewegen kann, als er es im Hof ausprobieren will.

Sie kann nicht radfahren; vielleicht kann sie auch nicht reiten. Sie hat das Rad gekauft und angenommen, es wäre einfach, damit zu fahren. Jetzt findet sie niemanden, der es ihr beibringt.

Der Vater kann seine Schadenfreude nicht verbergen. Frauen fahren nicht Rad, sagt er. Die Mutter gibt nicht nach. Ich lasse mich nicht einsperren in diesem Haus, sagt sie. Ich will frei sein.

Zuerst hat er den Gedanken, daß die Mutter ein eigenes Fahrrad hat, toll gefunden. Er hatte sich sogar ausgemalt, wie sie zu dritt – die Mutter, er selbst und der Bruder – die Pappelallee hinunterradeln. Doch jetzt hört er sich die Witze des Vaters an, denen seine Mutter nur mit störrischem Schweigen begegnen kann, und er wird unsicher. Frauen fahren nicht Rad – was ist, wenn der Vater recht hat? Wenn seine Mutter niemanden findet, der ihr das Radfahren beibringt, wenn keine andere Hausfrau in Reunion Park ein Fahrrad besitzt, dann sollten Frauen vielleicht wirklich nicht radfahren.

Hinten im Hof versucht es sich die Mutter selbst beizubringen. Sie spreizt die Beine und rollt die Böschung hinunter zum Hühnerauslauf. Das Rad kippt um und hört auf zu rollen. Weil es keine Querstange hat, fällt sie nicht, sondern torkelt nur einfältig herum, die Lenkstange umklammernd.

Sein Herz wendet sich von ihr ab. Am Abend beteiligt er sich an den Witzen des Vaters. Es ist ihm nur zu bewußt, welchen Verrat das bedeutet. Jetzt ist seine Mutter ganz allein.

Trotzdem lernt sie radfahren, wenn auch unsicher und wacklig, mühsam die schweren Pedale bewegend.

Am Vormittag, wenn er in der Schule ist, macht sie ihre Ausflüge nach Worcester. Nur einmal bekommt er sie flüchtig auf ihrem Rad zu sehen. Sie trägt eine weiße Bluse und einen dunklen Rock und radelt die Pappelallee hinunter auf das Haus zu. Ihre Haare fliegen im Wind. Sie sieht jung aus, wie ein Mädchen, jung und frisch und geheimnisvoll.

Immer wenn sein Vater das schwere schwarze Fahrrad an der Hauswand lehnen sieht, macht er Witze darüber. In seinen Witzen unterbrechen die Bürger von Worcester ihre Arbeit und starren der Frau, die sich auf dem Fahrrad vorüberquält, hinterher. *Trap! Trap!* rufen sie spöttisch: Feste treten! Die Späße sind überhaupt nicht lustig, obwohl er immer mit seinem Vater über sie lacht. Seine Mutter hat dem nichts entgegenzusetzen, sie ist nicht schlagfertig. »Lacht, soviel ihr wollt«, sagt sie.

Dann gibt sie eines Tages ohne Erklärung das Radfahren auf. Kurz darauf verschwindet das Fahrrad. Keiner sagt ein Wort, doch er weiß, daß sie eine Niederlage erlitten hat, in die Schranken gewiesen worden ist, und er weiß, daß auch er daran schuld ist. Ich mache es eines Tages wieder gut, gibt er sich das Versprechen.

Er vergißt seine Mutter auf dem Fahrrad nicht. Sie radelt die Pappelallee hinunter, weg von ihm, ihren eigenen Wünschen entgegen. Er will nicht, daß sie fortfährt. Er will nicht, daß sie eigene Wünsche hat. Er möchte, daß sie immer zu Hause bleibt und ihn erwartet, wenn er heimkommt. Nicht oft verbündet er sich mit seinem Vater gegen sie; sonst neigt er immer dazu, sich mit ihr gegen den Vater zu verbünden. Doch in diesem Fall schlägt er sich auf die Seite der Männer.

Zwei

Seiner Mutter verrät er nichts. Sein Schulleben hält er streng geheim vor ihr. Sie soll nichts wissen, beschließt er, als das, was in seinem Quartalszeugnis steht, und das soll makellos sein. Er wird immer der Klassenerste sein. Sein Betragen wird immer ›Sehr gut‹ sein, seine Fortschritte ›Ausgezeichnet‹. Solange das Zeugnis tadellos ist, hat sie kein Recht, Fragen zu stellen. Diese Regel stellt er für sich auf.

Was in der Schule passiert, ist, daß Jungen verprügelt werden. Jeden Tag passiert das. Den Jungen wird befohlen, sich zu bücken und die Zehen zu berühren, und dann werden sie mit einem Stock verprügelt.

In der dritten Klasse hat er einen Schulkameraden, der Rob Hart heißt und den die Lehrerin besonders gern schlägt. Die Lehrerin der dritten Klasse ist eine reizbare Frau mit rot gefärbtem Haar, eine Miss Oosthuizen. Von irgendwoher ist sie seinen Eltern als Marie Oosthuizen bekannt – sie macht bei Theateraufführungen mit und war nie verheiratet. Offensichtlich hat sie ein Leben außerhalb der Schule, doch er kann es sich nicht vorstellen. Er kann sich bei keinem Lehrer vorstellen, daß er ein Leben außerhalb der Schule hat.

Miss Oosthuizen bekommt Wutanfälle, befiehlt Rob Hart,

aus seiner Bank zu kommen und sich zu bücken, und versohlt ihm den Hintern. Die Schläge fallen dicht hintereinander, so daß der Stock kaum Zeit hat, auszuholen. Wenn Miss Oosthuizen fertig mit ihm ist, hat Rob Hart ein gerötetes Gesicht. Doch er weint nicht; vielleicht ist er ja nur rot geworden, weil er sich gebückt hat. Miss Oosthuizens Brust andererseits hebt und senkt sich heftig, und sie scheint den Tränen nahe – den Tränen und anderen Ergüssen.

Nach diesen Anfällen ungezügelter Leidenschaft ist die ganze Klasse gedämpft und bleibt so bis zum Klingeln.

Es gelingt Miss Oosthuizen nie, Rob Hart zum Heulen zu bringen; vielleicht ist das der Grund, warum sie solche Wutausbrüche seinetwegen hat und ihn so heftig schlägt, heftiger als alle anderen. Rob Hart ist der Klassenälteste, fast zwei Jahre älter als er (er ist der jüngste); er spürt, daß zwischen Rob Hart und Miss Oosthuizen etwas vor sich geht, in das er nicht eingeweiht ist.

Rob Hart ist groß und hübsch auf verwegene Art. Obgleich Rob Hart nicht intelligent und vielleicht sogar versetzungsgefährdet ist, fühlt er sich zu ihm hingezogen. Rob Hart gehört zu einer Welt, zu der er noch keinen Zugang gefunden hat – einer Welt des Sex und der Prügel.

Er selbst hat kein Verlangen, von Miss Oosthuizen oder irgendeinem anderen geschlagen zu werden. Bei der bloßen Vorstellung, verprügelt zu werden, windet er sich vor Scham. Er ist bereit, alles zu tun, um sich das zu ersparen. In dieser Beziehung ist er unnormal und weiß das. Er kommt aus einer unnormalen Familie, für die man sich schämen muß, in der nicht nur die Kinder nicht geschlagen, sondern die älteren Familienmitglieder mit dem Vornamen angeredet werden, in der keiner in die Kirche geht und man jeden Tag Schuhe trägt.

Jeder Lehrer und jede Lehrerin an seiner Schule hat einen Rohrstock und darf ihn nach Belieben einsetzen. Jeder dieser Stöcke hat eine Persönlichkeit, einen Charakter, der den Jungen vertraut ist und endlosen Gesprächsstoff liefert. Im Geist echter Kennerschaft wägen die Jungen die Charaktere der Stöcke ab und die Art des Schmerzes, den sie zufügen, sie vergleichen die Arm- und Handgelenktechnik der Lehrer, die sie schwingen. Keiner erwähnt die Schande, aufgerufen zu werden, sich bücken zu müssen und den Hintern versohlt zu bekommen.

Ohne eigene Erfahrungen kann er sich an diesen Gesprächen nicht beteiligen. Trotzdem weiß er, daß nicht der Schmerz das wichtigste daran ist. Wenn die anderen Jungen den Schmerz aushalten können, dann kann er, der einen viel stärkeren Willen hat, das auch. Was er nicht ertragen könnte, ist die Schande. Die Schande wird so schlimm sein, fürchtet er, so schrecklich, daß er sich an sein Pult klammern und sich weigern wird, nach vorn zu kommen, wenn er aufgerufen wird. Und das wird eine noch größere Schande sein: es wird ihn absondern und auch die anderen Jungen gegen ihn aufbringen. Wenn der Fall je eintreten sollte, daß man ihn zur Prügelstrafe aufruft, wird es eine so beschämende Szene geben, daß er nie wieder in die Schule gehen kann; es wird schließlich keinen anderen Ausweg geben, als sich umzubringen.

Das also steht auf dem Spiel. Deshalb gibt er im Unterricht nie einen Mucks von sich. Deshalb ist er immer ordentlich gekleidet, hat immer seine Hausaufgaben erledigt, weiß immer die Antwort. Er traut sich nicht, einen Fehler zu machen. Wenn er einen Fehler macht, riskiert er, geschlagen zu werden; und ob er nun geschlagen wird oder sich dagegen sträubt, ist ganz gleich, er wird sterben.

Das Merkwürdige daran ist, daß nur eine Tracht Prügel genügen würde, um diesen Bann des Entsetzens, der ihn gefangen hält, zu brechen. Er weiß es nur zu gut: wenn er die Tracht Prügel irgendwie schnell hinter sich bringen könnte, ehe er Zeit gehabt hätte, zu versteinern und Widerstand zu leisten, wenn die Schändung seines Körpers schnell und gewaltsam geschehen könnte, dann könnte er daraus als normaler Junge hervorgehen und sich wie selbstverständlich an der Diskussion über die Lehrer, ihre Rohrstöcke und die verschiedenen Grade und Nuancen des Schmerzes, den sie zufügen, beteiligen. Doch von sich aus kann er diese Hürde nicht überspringen.

Dafür macht er seine Mutter verantwortlich, weil sie ihn nicht schlägt. Er ist gleichzeitig dankbar dafür, daß er Schuhe trägt, Bücher aus der Bücherei ausleiht und nicht zur Schule geht, wenn er erkältet ist – für alles, was ihn von anderen unterscheidet –, und böse auf die Mutter, weil sie keine normalen Kinder hat, die sie für ein normales Leben erzieht. Der Vater würde aus ihnen eine normale Familie machen, wenn er das Sagen hätte. Der Vater ist in jeder Beziehung normal. Er ist seiner Mutter dankbar, daß sie ihn vor der Normalität des Vaters behütet, das heißt, vor den gelegentlichen Zornausbrüchen, bei denen seine Augen blau funkeln und er damit droht, ihn zu schlagen. Gleichzeitig ist er böse auf die Mutter, weil sie ihn in ein unnatürliches Wesen verwandelt, das man schützen muß, wenn es weiterleben soll.

Unter den Rohrstöcken ist es nicht der von Miss Oosthuizen, der ihn am meisten beeindruckt. Der gefürchtetste Stock ist der von Mr. Lategan, dem Lehrer für den Werkunterricht. Mr. Lategans Stock ist nicht lang und federnd in der Art, wie ihn die meisten Lehrer bevorzugen. Statt dessen ist er kurz und dick, eher ein Knüppel oder Schlagstock als ein

Rohrstock. Man munkelt, daß Mr. Lategan ihn nur bei älteren Schülern zum Einsatz bringt, daß ein jüngerer ihn nicht verkraften würde. Man munkelt, daß Mr. Lategan mit seinem Stock sogar angehende Studenten so weit gebracht hat, daß sie heulten und um Gnade flehten, sich in die Hosen machten und sich unsterblich blamierten.

Mr. Lategan ist ein kleiner Mann mit Igelschnitt und Schnurrbart. Ihm fehlt ein Daumen; den Stumpf schließt sauber eine dunkelrote Narbe ab. Mr. Lategan sagt fast nichts. Er ist immer in unnahbarer, gereizter Stimmung, als sei die Aufgabe, kleine Jungen bei Holzarbeiten zu betreuen, unter seiner Würde und als führe er sie nur widerwillig aus. Den größten Teil der Stunde steht er am Fenster und starrt in den Hof hinaus, während die Jungen sorgfältig messen und sägen und hobeln. Manchmal hat er den kurzen, dicken Stock dabei und schlägt müßig damit gegen sein Hosenbein, während er grübelt. Wenn er seine Inspektionsrunde macht, zeigt er verächtlich auf Mängel, dann geht er mit einem Schulterzucken weiter.

Die Jungen dürfen mit den Lehrern Scherze über deren Rohrstöcke austauschen. Das ist wirklich ein Gebiet, auf dem eine gewisse Frotzelei den Lehrern gegenüber gestattet ist. »Lassen Sie ihn singen, Sir!« sagen die Jungen, und Mr. Gouws macht eine blitzschnelle Handbewegung und sein langer Rohrstock (der längste der Schule, obwohl Mr. Gouws nur der Lehrer der fünften Klasse ist) pfeift durch die Luft.

Mit Mr. Lategan scherzt keiner. Man fürchtet sich vor Mr. Lategan und davor, was er Jungen, die fast Männer sind, mit seinem Stock antun kann.

Wenn der Vater zu Weihnachten auf der Farm mit seinen Brüdern zusammentrifft, kommt man immer auf die Schulzeit zu sprechen. Man schwelgt in Erinnerungen an die Lehrer und deren Rohrstöcke; man ruft sich kalte Wintermorgen ins Gedächtnis, wenn der Rohrstock blaue Schwielen auf den Hintern hervorrief und das Brennen noch tagelang zu spüren war. In ihren Worten schwingt Nostalgie und lustvolles Gruseln mit. Er hört begierig zu, verhält sich aber so unauffällig wie möglich. Er möchte nicht, daß sie sich ihm in einer Gesprächspause zuwenden und ihn nach der Rolle des Rohrstocks in seinem Leben fragen. Er ist nie verprügelt worden und schämt sich zutiefst dafür. Er kann nicht in der leichten und verständnisvollen Art über Rohrstöcke sprechen wie diese Männer.

Es kommt ihm so vor, als sei er beschädigt. Es kommt ihm vor, als sei in ihm die ganze Zeit über etwas am Zerreißen: eine Wand, eine Membran. Er versucht, sich so aufrecht wie möglich zu halten, um den Schaden zu begrenzen. Um ihn zu begrenzen, nicht um ihn zu verhindern: nichts wird ihn verhindern.

Einmal die Woche marschiert er mit seiner Klasse zum Sportunterricht über das Schulgelände in die Turnhalle. Im Umkleideraum ziehen sie weiße Turnhemden und -hosen an. Dann bringen sie unter der Anleitung von Mr. Barnard, der auch in Weiß gekleidet ist, eine halbe Stunde mit Sprüngen über das Seitpferd zu, werfen den Medizinball oder hüpfen und klatschen die Hände über dem Kopf zusammen.

Das alles geschieht barfuß. Schon Tage vorher hat er Angst davor, seine Füße für den Sportunterricht zu entblößen, seine Füße, die immer bekleidet sind. Doch wenn die Schuhe und Socken ausgezogen sind, ist es plötzlich überhaupt nicht schwer. Er muß einfach seine Scham loswerden, sich zügig und flott entkleiden, dann werden seine Füße wie die aller anderen. Irgendwo in der Nähe lauert noch die Scham und wartet darauf, wieder zu ihm zurückzukehren, doch es ist eine private Scham, von der die anderen Jungen nichts zu wissen brauchen.

Seine Füße sind weich und weiß; sonst sind sie wie die aller anderen, sogar wie die der Jungen, die keine Schuhe haben und barfuß zur Schule kommen. Der Sportunterricht und das Auskleiden dafür machen ihm keinen Spaß, doch er sagt sich, daß er es ertragen kann, wie er auch anderes erträgt.

Dann gibt es eines Tages eine Abwechslung von der Routine. Man schickt sie aus der Turnhalle auf die Tennisplätze, um ihnen Softball-Tennis beizubringen. Die Tennisplätze befinden sich etwas weiter weg; auf dem steinigen Weg muß er vorsichtig gehen. Der Asphalt des Platzes ist dann so heiß in der Sommersonne, daß er von einem Fuß auf den anderen hüpfen muß, damit er sich nicht verbrennt. Es ist eine Erlösung, in den Umkleideraum zurückzukommen und die Schuhe wieder anzuziehen; doch nachmittags kann er kaum noch auftreten, und als die Mutter ihm zu Hause die Schuhe auszieht, stellt sie fest, daß seine Fußsohlen voller Blasen sind und bluten.

Er erholt sich drei Tage lang zu Hause. Am vierten Tag kehrt er mit einem Schreiben der Mutter in die Schule zurück, einem Schreiben, dessen zornigen Wortlaut er kennt und billigt. Wie ein verwundeter Krieger, der seinen Platz in den Reihen der Kameraden wieder einnimmt, humpelt er den Gang zu seinem Pult hinunter.

»Warum hast du gefehlt?« flüstern seine Klassenkameraden.

»Ich konnte nicht laufen, ich hatte Blasen auf den Fußsohlen vom Tennis«, antwortet er flüsternd.

Er erwartet Verwunderung und Mitleid; statt dessen wird ihm Heiterkeit zuteil. Sogar die Schuhträger unter seinen

Klassenkameraden nehmen seine Geschichte nicht ernst. Irgendwie haben auch sie abgehärtete Füße, Füße, die keine Blasen bekommen. Nur er hat empfindliche Füße, und empfindliche Füße, so stellt sich heraus, bedeuten keine Auszeichnung. Urplötzlich ist er isoliert – er, und durch ihn seine Mutter.

Drei

Aus der Stellung seines Vaters im Haushalt ist er nie schlau geworden. Es ist ihm eigentlich nicht klar, mit welchem Recht er überhaupt da ist. In einem normalen Haushalt ist der Vater das Oberhaupt, das gibt er gern zu – das Haus gehört ihm, Frau und Kinder leben unter seinem Regiment. Doch in ihrem Fall, und das trifft auch auf den Haushalt der beiden Schwestern seiner Mutter zu, bilden die Mutter und die Kinder das Zentrum, während der Mann nicht mehr als ein Anhängsel ist, einer, der zur Haushaltskasse beiträgt wie zum Beispiel ein zahlender Mieter.

So weit seine Erinnerung reicht, hat er sich als Prinz des Hauses gefühlt und seine Mutter als seine fragwürdige Gönnerin und besorgte Beschützerin – besorgt und fragwürdig, weil, wie er weiß, ein Kind eigentlich nicht Herr im Hause sein sollte. Wenn er auf jemanden eifersüchtig sein könnte, dann nicht auf den Vater, sondern auf den jüngeren Bruder. Denn seine Mutter fördert auch seinen Bruder – sie fördert ihn, und weil sein Bruder klug ist, doch nicht so klug wie er selbst, und auch nicht so kühn oder unternehmungslustig, zieht sie ihn sogar vor. Ja, seine Mutter scheint immer die Fittiche über ihn zu breiten, bereit, Gefahren abzuwenden;

während sie bei ihm nur irgendwo im Hintergrund ist, abwartet und lauscht, bereit, auf seinen Ruf hin zu ihm zu eilen.

Er will, daß sie sich ihm gegenüber genauso verhält wie seinem Bruder gegenüber. Doch er wünscht sich das als Zeichen, als Beweis, nichts weiter. Er weiß, daß er einen Wutanfall bekäme, wenn sie ihn jemals bemuttern würde.

Er treibt sie immer wieder in die Enge und fordert, daß sie gesteht, wen sie mehr liebt, ihn oder seinen Bruder. Stets weicht sie der Falle aus. »Ich liebe euch beide gleich«, behauptet sie lächelnd. Selbst mit seinen genialsten Fragen (Was wäre, wenn zum Beispiel im Haus ein Feuer ausbrechen würde und sie nur einen von ihnen retten könnte?) gelingt es ihm nicht, sie einzufangen. »Beide«, sagt sie – »ich würde euch ganz bestimmt beide retten. Aber es wird kein Feuer ausbrechen.« Obwohl er sich über sie lustig macht, weil sie so nüchtern denkt, respektiert er doch ihre hartnäckige Treue.

Seine Wutausbrüche gegenüber seiner Mutter gehören zu den Dingen, die er vor der Welt draußen sorgfältig verborgen halten muß. Nur sie vier wissen, welche Zornesausbrüche er ihr zumutet, wie geringschätzig er sie behandelt. »Wenn deine Lehrer und Freunde wüßten, wie du mit deiner Mutter sprichst …«, sagt der Vater und droht ihm bedeutungsvoll mit dem Finger. Er haßt seinen Vater deswegen, weil er so deutlich den schwachen Punkt in seiner Rüstung sieht.

Er will, daß der Vater ihn schlägt und in einen normalen Jungen verwandelt. Und gleichzeitig weiß er, wenn sein Vater es wagen würde, ihn zu schlagen, dann würde er nicht ruhen, bis er sich gerächt hätte. Wenn ihn sein Vater schlüge, würde er überschnappen – besessen werden, wie eine in die Enge getriebene Ratte, die hin und her springt und die giftigen Zähne fletscht, zu gefährlich, um sich ihr zu nähern.

Zu Hause ist er ein unleidlicher Despot, in der Schule ein Lamm, zahm und fromm, in der zweiten Reihe von hinten sitzend, in der unauffälligsten Reihe, so daß niemand ihn beachtet, und vor Angst ganz starr, wenn das Prügeln losgeht. Durch das Führen dieses Doppellebens hat er sich die Last der Hochstapelei aufgeladen. Kein anderer muß so etwas ertragen, nicht einmal sein Bruder, der höchstens eine ängstliche, fade Imitation von ihm ist. Im Grunde genommen hat er den Verdacht, daß sein Bruder eigentlich normal ist. Er steht ganz allein da. Von keiner Seite kann er Hilfe erwarten. Er muß sich selbst darum kümmern, daß er die Kindheit irgendwie hinter sich bringt, die Familie und die Schule, und ein neues Leben erreicht, in dem er nichts mehr vortäuschen muß.

Die Kindheit, steht in der *Enzyklopädie für Kinder*, ist eine Zeit der unschuldigen Freude, die man in den Wiesen zwischen Butterblumen und Häschen verbringt oder am Kamin, in ein Märchenbuch vertieft. Das ist eine Sicht auf die Kindheit, die ihm völlig fremd ist. Nichts was er in Worcester, zu Hause oder in der Schule, erlebt, bringt ihn auf den Gedanken, daß die Kindheit etwas anderes ist als eine Zeit, in der man die Zähne zusammenbeißen und durchhalten muß.

Weil es keine Wölflingsgruppe in Worcester gibt, bekommt er die Erlaubnis, sich den Pfadfindern anzuschließen, obwohl er erst zehn ist. Für die Aufnahme bereitet er sich peinlich genau vor. Mit seiner Mutter geht er zum Spezialgeschäft, um die Uniform zu kaufen: den steifen olivbraunen Filzhut und das silberne Hutabzeichen, Khakihemd und -shorts und Strümpfe, Ledergürtel mit Pfadfinderschnalle, grüne Achselklappen, grüne Strumpfabzeichen. Er schneidet sich einen fünf Fuß langen Stock von einer Pappel, schält die Rinde ab und bringt einen Nachmittag damit zu, das gesamte Morse- und Winkeralphabet mit einem erhitzten Schraubenzieher in das weiße Holz zu brennen. Zu seinem ersten Pfadfindertreffen geht er mit seinem Stock, den er an einer grünen Kordel, die er selbst aus drei Stricken geflochten hat, über der Schulter trägt. Er schwört mit dem zweifingrigen Gruß und ist der bei weitem am makellosesten ausstaffierte der neuen Pfadfinder, der »Grünschnäbel«.

Er stellt fest, daß es bei den Pfadfindern genau wie in der Schule darum geht, Prüfungen zu bestehen. Für jede bestandene Prüfung bekommt man ein Abzeichen, das man sich auf das Hemd näht.

Die Prüfungen werden in einer vorbestimmten Reihenfolge abgelegt. Die erste Prüfung besteht im Knotenknüpfen: der Kreuzknoten und der doppelte Kreuzknoten, der Verkürzungsstek, der Palstek. Er besteht die Prüfung, doch nicht mit Auszeichnung. Es ist ihm nicht klar, wie man diese Pfadfinder-Prüfungen mit Auszeichnung bestehen, wie man sich hervortun kann.

Die zweite Prüfung ist für ein Waldarbeiter-Abzeichen. Man verlangt dabei von ihm, daß er ein Feuer anzündet, ohne Papier und mit nicht mehr als drei Streichhölzern. Auf dem nackten Boden neben der anglikanischen Kirche schichtet er an einem Winterabend mit einem kalten Wind seinen Haufen aus Zweigen und Rindenstücken, und dann zündet er unter den Blicken seines Scharführers und des Gruppenführers seine Streichhölzer eins nach dem anderen an. Jedesmal kommt kein Feuer zustande – jedesmal bläst der Wind die winzige Flamme aus. Der Gruppenführer und der Scharführer gehen fort. Sie sprechen die Worte: »Du hast nicht bestanden« nicht aus, deshalb ist er unsicher, ob er wirklich durchgefallen ist. Was, wenn sie sich zu einer Beratung zurückziehen und zum Schluß kommen, daß die Prüfung wegen des Windes ungültig ist? Er wartet auf ihre Rückkehr. Er wartet darauf, daß ihm das Waldarbeiter-Abzeichen trotzdem überreicht wird. Doch nichts geschieht. Er steht neben seinem Haufen Zweige, und nichts geschieht.

Keiner erwähnt die Sache wieder. Das ist die erste Prüfung in seinem Leben, die er nicht bestanden hat.

Jede Juniferien fährt die Pfadfindertruppe in ein Zeltlager. Er ist nie von seiner Mutter weg gewesen, abgesehen von einer Woche, die er mit vier Jahren im Krankenhaus zugebracht hat. Doch er ist entschlossen, mit den Pfadfindern zu fahren.

Sie bekommen eine Liste mit Sachen, die sie mitbringen sollen. Dazu gehört eine Zeltplane. Die Mutter hat keine Zeltplane, sie weiß nicht einmal genau, was eine Zeltplane ist. Sie gibt ihm dafür eine rote Luftmatratze. Im Lager entdeckt er, daß alle anderen Jungen richtige khakifarbene Zeltplanen haben. Seine rote Matratze isoliert ihn sofort von den anderen. Er bringt es auch nicht fertig, sich über einer stinkenden Erdgrube zu entleeren.

Am dritten Tag des Zeltlagers gehen sie im Breede-Fluß schwimmen. Obwohl er und sein Bruder und ihr Cousin, als sie in Kapstadt wohnten, oft mit dem Zug nach Fish Hoek fuhren und dort ganze Nachmittage lang über die Felsen kletterten, Sandburgen bauten und in den Wellen herumplantschten, kann er nicht richtig schwimmen. Jetzt, als Pfadfinder, muß er über den Fluß und wieder zurück schwimmen.

Er haßt Flüsse, weil sie so schmutzig-trüb sind, weil ihm der Schlamm zwischen den Zehen durchquillt, weil er auf rostige Blechbüchsen und Scherben treten könnte; er zieht weißen Seesand vor. Doch er stürzt sich hinein und paddelt wild spritzend irgendwie hinüber. Am anderen Ufer klammert er sich an eine Baumwurzel, findet einen Fußhalt und steht bis zur Taille in trübem braunen Wasser, mit klappernden Zähnen.

Die anderen Jungen machen kehrt und machen sich auf den Rückweg. Er bleibt allein zurück. Es bleibt ihm nichts anderes übrig, als sich wieder ins Wasser zu werfen.

In der Mitte des Flusses ist er erschöpft. Er hört zu schwimmen auf und versucht, Grund zu finden, doch der Fluß ist zu tief. Sein Kopf taucht unter die Wasseroberfläche. Er versucht, wieder hochzukommen und zu schwimmen, aber die Kraft reicht nicht aus. Er geht ein zweites Mal unter.

Er hat eine Vision: seine Mutter sitzt auf einem Stuhl mit hohem, geradem Rücken und liest den Brief, der von seinem Tod berichtet. Der Bruder steht neben ihr und liest über ihre Schulter mit.

Das nächste, was er mitbekommt, ist, daß er am Ufer liegt und sein Scharführer, der Michael heißt und den er aus Schüchternheit nie angesprochen hat, breitbeinig über ihm steht. Er schließt die Augen und ihm ist wohl zumute. Er ist gerettet.

Noch Wochen danach denkt er an Michael, wie Michael sein Leben riskiert hat, in den Fluß gesprungen ist und ihn gerettet hat. Jedesmal denkt er dann, wie wunderbar es doch ist, daß Michael es bemerkt hat – ihn bemerkt hat, bemerkt hat, daß er am Ende war. Verglichen mit Michael (der in Klasse sieben geht und alle Abzeichen hat, außer den höchsten, und bald Königspfadfinder sein wird) ist er unbedeutend. Es wäre ganz in Ordnung gewesen, wenn Michael ihn nicht untergehen gesehen hätte, ja, ihn nicht einmal vermißt hätte, bis alle wieder im Lager waren. Dann wäre Michaels Aufgabe einfach gewesen, den Brief an die Mutter zu schreiben, den kühlen, förmlichen Brief, der so anfing: »Wir bedauern, Ihnen mitteilen zu müssen …«

Von diesem Tag an weiß er, daß etwas Besonderes an ihm ist. Er hätte sterben sollen, doch er ist nicht gestorben. Trotz seiner Unwürdigkeit ist ihm ein zweites Leben geschenkt worden. Er war tot und ist doch lebendig.

Von dem Vorfall im Zeltlager verrät er der Mutter kein Sterbenswörtchen.

Vier

Das große Geheimnis seines Schullebens, das Geheimnis, das er keinem zu Hause verrät, besteht darin, daß er römisch-katholisch geworden ist, daß er tatsächlich römisch-katholisch »ist«.

Das Thema läßt sich zu Hause schlecht zur Sprache bringen, weil ihre Familie nichts »ist«. Sie sind natürlich Südafrikaner, doch das Südafrikanertum ist ein wenig peinlich, und man spricht deshalb nicht darüber, weil nicht jeder, der in Südafrika lebt, Südafrikaner ist, jedenfalls kein richtiger Südafrikaner.

Der Religion nach sind sie ganz bestimmt nichts. Nicht einmal in der Familie des Vaters, die viel zuverlässiger und normaler ist als die der Mutter, geht irgendeiner in die Kirche. Er selbst ist nur zweimal im Leben in einer Kirche gewesen: einmal, um getauft zu werden, und einmal, um den Sieg im Zweiten Weltkrieg zu feiern.

Die Entscheidung, römisch-katholisch zu »sein«, geschah ganz spontan. Am ersten Morgen in der neuen Schule werden er und die drei anderen neuen Schüler zurückgehalten, während die übrige Klasse zur Morgenandacht in die Aula geführt wird. »Welcher Konfession bist du?« fragt die Lehrerin jeden von ihnen. Er blickt nach rechts und nach links. Wie lautet die richtige Antwort? Was gibt es für Konfessionen zur Auswahl? Ist es wie bei Russen und Amerikanern? Jetzt ist er an der Reihe. »Welcher Konfession bist du?« fragt die Lehrerin. Er schwitzt, er weiß nicht, was er sagen soll. »Bist du evangelisch oder römisch-katholisch oder jüdisch?« fragt sie ungeduldig. »Römisch-katholisch«, sagt er.

Als die Befragung vorbei ist, wird ihm und einem anderen Schüler, der sich als jüdisch bezeichnet hat, bedeutet, dazubleiben; die zwei, die gesagt haben, sie seien evangelisch, gehen fort zur Andacht.

Sie warten ab, was passiert. Doch nichts passiert. Die Korridore sind leer, im Gebäude ist es still, es sind keine Lehrer zu sehen.

Sie schlendern auf den Schulhof, wo sie sich dem Haufen der anderen zurückgebliebenen Jungen anschließen. Es ist Murmelsaison; in der ungewohnten Stille des leeren Hofes, wo Taubenrufe oben in der Luft und von fern Gesang zu hören sind, spielen sie mit Murmeln. Die Zeit verstreicht. Dann läutet es zum Ende der Morgenandacht. Die übrigen Schüler marschieren in Reihen aus der Aula, eine Klasse nach der anderen. Einige scheinen schlechter Laune zu sein. »*Jood!*« zischt ihn ein Afrikaanerjunge im Vorbeigehen an: Jude! Als sie sich wieder ihrer Klasse anschließen, lächelt keiner.

Die Episode beunruhigt ihn. Er hofft, daß man ihn und die anderen neuen Schüler noch einmal zurückhält und auffordert, neu zu wählen. Dann kann er, der offensichtlich einen Fehler gemacht hat, sich korrigieren und evangelisch sein. Doch es gibt keine zweite Gelegenheit.

Zweimal die Woche wiederholt sich die Trennung der

Schafe von den Geißböcken. Während Juden und Katholiken sich selbst überlassen bleiben, gehen die evangelischen Christen zur Morgenandacht, singen Kirchenlieder und bekommen eine Predigt zu hören. Als Rache dafür, und als Rache für das, was die Juden Christus angetan haben, fangen die Afrikaanerjungen – groß, brutal, bullig – manchmal einen Juden oder einen Katholiken und boxen ihm in den Bizeps, kurze, tückische Schläge mit den Knöcheln, oder stoßen ihm die Knie in die Eier oder drehen ihm die Arme auf den Rücken, bis er um Gnade fleht. »*Asseblief!*« wimmert der Junge: Bitte! »*Jood!*« zischen sie zur Antwort: »*Jood! Vuilgoed!*« Jude! Dreck!

Eines Tages nehmen ihn zwei Afrikaanerjungen in der Pause in die Zange und zerren ihn in die entlegenste Ecke des Rugbyfeldes. Einer von ihnen ist sehr groß und fett. Er fleht sie an. »*Ek is nie 'n Jood nie*«, sagt er: Ich bin kein Jude. Er bietet ihnen an, daß sie sein Fahrrad benutzen dürfen, bietet ihnen das Fahrrad für den Nachmittag an. Je mehr er plappert, desto breiter grinst der Fette. Das mag er offensichtlich: das Flehen, die Erniedrigung.

Der Fette holt etwas aus seiner Hemdtasche hervor, etwas, was allmählich erklärt, warum er in diesen ruhigen Winkel gezerrt worden ist: eine sich windende grüne Raupe. Der Freund dreht ihm die Arme auf den Rücken; der Fette preßt auf seine Kiefergelenke, bis sich sein Mund öffnet, dann stopft er ihm die Raupe in den Mund. Er spuckt sie aus, sie ist schon beschädigt, sondert schon ihre Körpersäfte ab. Der Fette zerquetscht sie und schmiert sie ihm über die Lippen. »*Jood!*« sagt er und wischt sich die Hände im Gras ab.

Er hatte sich an diesem schicksalsträchtigen Morgen für römisch-katholisch entschieden wegen Rom, wegen Horatius und seinen beiden Kameraden, die mit Schwertern in der

Hand, verzierte Helme auf dem Kopf, unbezähmbaren Mut im Blick, die Brücke über den Tiber gegen die etruskischen Horden verteidigten. Jetzt entdeckt er nach und nach durch die anderen katholischen Schüler, was römisch-katholisch wirklich bedeutet. Römisch-katholisch hat nichts mit Rom zu tun. Römisch-katholische Christen kennen Horatius nicht einmal vom Hörensagen. Römisch-katholische Christen gehen freitagnachmittags zum Katechismus; sie gehen zur Beichte; sie empfangen die Kommunion. Das machen die römisch-katholischen Christen.

Die älteren katholischen Schüler nehmen ihn beiseite und fragen ihn aus: Ist er zum Katechismus gewesen, ist er zur Beichte gewesen, hat er die Kommunion empfangen? Katechismus? Beichte? Kommunion? Er weiß nicht einmal, was die Worte bedeuten. »Früher in Kapstadt bin ich hingegangen«, weicht er aus. »Wo?« fragen sie. Er kennt keine Kirche in Kapstadt mit Namen, doch sie auch nicht. »Komm am Freitag zum Katechismus«, befehlen sie ihm. Als er nicht erscheint, informieren sie den Priester, daß es in Klasse Drei einen Apostaten gibt. Der Priester schickt eine Botschaft, die sie übermitteln: Er muß zum Katechismus kommen. Er hat den Verdacht, daß sie die Botschaft selbst erfunden haben, doch am nächsten Freitag bleibt er zu Hause und im Bett.

Die älteren katholischen Schüler machen ihm nun klar, daß sie ihm seine Geschichten, er sei in Kapstadt Katholik gewesen, nicht abnehmen. Aber er ist schon zu weit gegangen, er kann nicht mehr zurück. Wenn er jetzt sagt: »Ich habe mich geirrt, ich bin in Wirklichkeit evangelisch«, ist er blamiert. Und außerdem, auch wenn er die höhnischen Bemerkungen der Afrikaaner und die Verhöre der echten Katholiken ertragen muß, sind die zwei Freistunden pro Woche es nicht wert, freie Zeit, in der er auf den leeren Sportplätzen herumwandern und sich mit den Juden unterhalten kann?

An einem Samstagnachmittag, als ganz Worcester, von der Hitze betäubt, eingeschlafen ist, holt er sein Fahrrad hervor und fährt zur Dorp Street.

Für gewöhnlich macht er einen weiten Bogen um die Dorp Street, weil dort die katholische Kirche ist. Doch heute ist die Straße leer, kein Laut ist zu hören außer dem leisen Rauschen des Wassers in den Rinnen. Er fährt gleichgültig vorüber und tut so, als sehe er gar nicht hin.

Die Kirche ist nicht so groß, wie er sie sich vorgestellt hat. Sie ist ein niedriges, kahles Gebäude mit einer kleinen Statue über dem Säulenvorbau: die Jungfrau, mit verhülltem Haupt und Kind auf dem Arm.

Er kommt am Ende der Straße an. Er würde gern umdrehen und einen zweiten Blick riskieren, doch er hat Angst, daß er sein Glück überstrapaziert, daß ein Priester in Schwarz auftaucht und ihm Halt gebietet.

Die katholischen Schüler setzen ihm zu und machen höhnische Bemerkungen, die evangelischen Christen verfolgen ihn, aber die Juden fällen kein Urteil. Die Juden tun so, als würden sie nichts bemerken. Auch die Juden tragen Schuhe. Bei den Juden fühlt er sich fast ein bißchen wohl. Die Juden sind ganz in Ordnung.

Trotzdem muß man sich bei den Juden vorsehen. Denn die Juden sind überall, die Juden erobern das Land. Er hört das überall, doch besonders von seinen Onkeln, den zwei unverheirateten Brüdern seiner Mutter, wenn sie zu Besuch sind. Norman und Lance kommen jeden Sommer, wie Zugvögel, wenn auch selten zur gleichen Zeit. Sie schlafen auf dem Sofa, stehen um elf Uhr vormittags auf, wandern stundenlang im Haus herum, halb angezogen, zerzaust. Beide haben

Autos; manchmal können sie zu einer Spritztour mit dem Auto überredet werden, doch sie scheinen ihre Zeit lieber mit Rauchen, Teetrinken und Gesprächen über die alten Tage zuzubringen. Dann essen sie zu Mittag, und nach dem Essen spielen sie bis Mitternacht mit jedem, den sie zum Aufbleiben überreden können, Poker oder Rommé.

Gern hört er zu, wenn die Mutter und die Onkel zum tausendsten Mal die Ereignisse aus ihrer Kindheit auf der Farm durchgehen. Nie ist er glücklicher, als wenn er diesen Geschichten lauscht, dem Necken und Gelächter, das sie begleitet. Seine Freunde stammen nicht aus Familien mit solchen Geschichten. Das hebt ihn heraus: die beiden Farmen im Hintergrund, die Farm der Mutter, die Farm des Vaters und die Geschichten von diesen Farmen. Durch die Farmen hat er Wurzeln in der Vergangenheit; durch die Farmen hat er Substanz.

Es gibt noch eine dritte Farm: Skipperskloof, bei Williston. Die Familie hat dort keine Wurzeln, es ist eine Farm, in die eingeheiratet wurde. Trotzdem ist auch Skipperskloof wichtig. Alle Farmen sind wichtig. Farmen sind Orte der Freiheit, des Lebens.

Durch die Geschichten, die Norman und Lance und die Mutter erzählen, huschen jüdische Gestalten, komisch, schlau, aber auch verschlagen und herzlos, wie Schakale. Juden aus Oudtshoorn besuchten jedes Jahr die Farm, um von ihrem Vater, seinem Großvater, Straußenfedern zu kaufen. Sie überredeten ihn, die Wollschafe aufzugeben und nur Strauße zu züchten. Strauße würden ihn reich machen, sagten sie. Dann brach eines Tages der Markt für Straußenfedern zusammen. Die Juden wollten keine Federn mehr kaufen, und der Großvater machte Bankrott. Alle in der Gegend gingen bankrott, und die Juden übernahmen ihre Farmen. So operieren die Juden, sagt Norman: Einem Juden darf man niemals trauen.

Sein Vater erhebt Einwände. Der Vater kann es sich nicht leisten, die Juden herunterzumachen, da sein Arbeitgeber Jude ist. *Standard Canners*, wo er als Buchhalter arbeitet, gehört Wolf Heller. Tatsächlich ist es Wolf Heller gewesen, der ihn von Kapstadt nach Worcester gebracht hat, als er seine Arbeit im öffentlichen Dienst verloren hat. Die Zukunft ihrer Familie ist an die Zukunft von *Standard Canners* gebunden, die Wolf Heller, in den wenigen Jahren seit der Übernahme des Betriebes durch ihn, zu einem Giganten der Konservenindustriewelt gemacht hat. *Standard Canners* hat großartige Perspektiven, sagt der Vater, für einen studierten Juristen wie ihn.

Wolf Heller unterliegt also nicht der generellen Kritik an den Juden. Wolf Heller kümmert sich um seine Angestellten. Zu Weihnachten macht er ihnen sogar Geschenke, obwohl Weihnachten den Juden nichts bedeutet.

Es gehen keine Heller-Kinder in die Schule von Worcester. Wenn es überhaupt Heller-Kinder gibt, dann hat man sie vermutlich nach Kapstadt in die *SACS* geschickt, eine jüdische Schule in jeder Beziehung, nur nicht dem Namen nach. Es gibt auch keine jüdischen Familien in Reunion Park. Die Juden von Worcester wohnen im älteren, grüneren, schattigeren Stadtteil. Obwohl es jüdische Schüler in seiner Klasse gibt, wird er nie von ihnen nach Hause eingeladen. Er sieht sie nur in der Schule, rückt ihnen in der Zeit der Morgenandacht näher, wenn Juden und Katholiken isoliert und der Wut der evangelischen Christen ausgesetzt sind.

Doch hin und wieder wird die Befreiung von der Morgenandacht aus unklaren Gründen aufgehoben, und sie werden in die Aula befohlen.

Die Aula ist immer brechend voll. Ältere Schüler sitzen auf den Stühlen, während sich die Jungen aus den kleinen Klassen auf dem Fußboden zusammendrängen. Die Juden und Katholiken – vielleicht zwanzig insgesamt – bahnen sich zwischen ihnen den Weg, suchen einen Platz. Heimlich greifen Hände nach ihren Knöcheln und versuchen, sie zu Fall zu bringen.

Der *Dominee* ist schon auf dem Podium, ein blasser junger Mann im schwarzen Anzug und mit weißem Schlips. Er predigt mit hoher, eintöniger Stimme, die langen Vokale dehnt er, und seine Aussprache ist überdeutlich. Wenn die Predigt vorbei ist, müssen sie sich zum Gebet erheben. Wie verhält sich ein Katholik richtig während eines evangelischen Gebets? Schließt er die Augen und bewegt die Lippen, oder tut er so, als wäre er gar nicht da? Er kann keinen von den echten Katholiken sehen; er blickt ausdruckslos und läßt die Augen schielen.

Der *Dominee* setzt sich. Die Gesangbücher werden ausgeteilt; jetzt ist Gesang an der Reihe. Eine der Lehrerinnen tritt vor, um zu dirigieren. »*Al die veld is vrolik, al die voëltjies sing*«, singen die kleinen Schüler. Dann erheben sich die älteren Schüler. »*Uit die blou van onse hemel*«, singen sie mit ihren tiefen Stimmen, stramm stehend, den Blick geradeaus: die Nationalhymne, *ihre* Nationalhymne. Vorsichtig, ängstlich, fallen die Jüngeren ein. Über sie gebeugt, mit den Armen wedelnd, als schaufle sie Federn, versucht die Lehrerin sie aufzurichten, zu ermuntern. »*Ons sal antwoord op jou roepstem, ons sal offer wat jy vra*«, singen sie: Wir werden deinem Ruf folgen.

Endlich ist es vorbei. Die Lehrer steigen vom Podium, zuerst der Direktor, dann der *Dominee*, dann alle übrigen. Die Jungen verlassen nacheinander die Aula. Eine Faust stößt ihn in die Nieren, ein kurzer, schneller Schlag, keiner sieht es. »*Jood!*« flüstert eine Stimme. Dann ist er draußen, er ist frei, er kann wieder frische Luft atmen.

Trotz der Drohungen der echten Katholiken, trotz der über ihm schwebenden Möglichkeit, daß der Priester seine Eltern besucht und ihn entlarvt, ist er dankbar für die Inspiration, die ihn Rom wählen ließ. Er ist der Kirche dankbar, die ihm Unterschlupf gewährt; er bedauert nichts, wünscht sich nicht, kein Katholik mehr zu sein. Wenn Christ sein bedeutet, Kirchenlieder zu singen und Predigten anzuhören und danach herauszukommen und Juden zu quälen, dann hat er kein Verlangen, Christ zu sein. Es ist nicht seine Schuld, wenn die Katholiken von Worcester katholisch sind, ohne römisch zu sein, wenn sie nichts von Horatius und seinen Kameraden wissen, die die Brücke über den Tiber verteidigen (»Tiber, Vater Tiber, zu dem wir Römer beten«), nichts von Leonidas und seinen Spartanern, die den Paß bei Thermopylae verteidigen, von Roland, der den Paß gegen die Sarazenen verteidigt. Nichts Heroischeres kann er sich ausmalen, als einen Paß zu verteidigen, nichts Edleres, als sein Leben für andere zu opfern, die später über dem Leichnam weinen werden. So würde er gern sein: ein Held. Damit sollte der wahre römisch-katholische Glauben zu tun haben.

Es ist ein Sommerabend, kühl nach dem langen, heißen Tag. Er ist im Park, wo er mit Greenberg und Goldstein Cricket gespielt hat: Greenberg, der ein solider Schüler ist, aber kein guter Cricketspieler; Goldstein, der große braune Augen hat und Sandalen trägt und ziemlich flott ist. Es ist spät, halb acht ist längst vorbei. Der Park ist leer, abgesehen von ihnen. Sie müssen ihr Spiel abbrechen – es ist zu dunkel, um den Ball zu sehen. Also fechten sie Ringkämpfe aus, als wären sie wieder kleine Kinder, rollen im Gras herum, kitzeln sich, lachen und kichern. Er steht auf, holt tief Luft. Eine Woge des Glücks durchströmt ihn, er denkt: »Nie bin ich glücklicher im Leben gewesen. Ich würde gern immer mit Greenberg und Goldstein zusammensein.«

Sie trennen sich. Es stimmt. Er würde gern immer so leben, mit seinem Fahrrad durch die breiten und leeren Straßen von Worcester fahren, in der Dämmerung eines Sommertages, wenn man alle anderen Kinder hereingerufen hat und nur er noch unterwegs ist, wie ein König.

Fünf

Daß er katholisch ist, gehört nur zu seinem Schulleben. Daß er die Russen mehr mag als die Amerikaner, ist ein Geheimnis, so düster, daß er es keinem anvertrauen kann. Russenfreundlichkeit ist eine ernste Sache. Sie kann dazu führen, daß man geächtet wird.

In seinem Schrank hat er in einem Karton das Heft mit den Zeichnungen, die er 1947 auf dem Höhepunkt seiner Begeisterung für die Russen angefertigt hat. Die Zeichnungen, mit weichem Bleistift ausgeführt und mit Wachsstiften ausgemalt, zeigen russische Flugzeuge, die amerikanische vom Himmel schießen, russische Schiffe, die amerikanische versenken. Obwohl die Leidenschaft jenes Jahres, als im Radio plötzlich eine Haßkampagne gegen die Russen begann und jeder Stellung beziehen mußte, abgeflaut ist, hält er fest an seiner heimlichen Treue – Treue den Russen gegenüber, doch noch mehr Treue sich selbst gegenüber, wie er war, als er diese Zeichnungen anfertigte.

Hier in Worcester gibt es keinen, der weiß, daß er die Russen mag. In Kapstadt hatte es Freund Nicky gegeben, seinen Gefährten bei Kriegsspielen mit Bleisoldaten und einer Kanone mit Sprungfeder, die Streichhölzer verschoß; doch als er mitbekam, wie gefährlich seine Bündnistreue war, was auf dem Spiel stand, ließ er sich erst von Nicky schwören, daß er nichts verraten würde, und dann, um ganz sicherzugehen, erzählte er ihm, er hätte die Seiten gewechselt und wäre jetzt für die Amerikaner. In Worcester gibt es außer ihm keinen Menschen, der für die Russen ist. Seine Treue zum Roten Stern macht ihn zum absoluten Außenseiter.

Woher stammt nur diese Vernarrtheit, die sogar ihm seltsam vorkommt? Seine Mutter heißt Vera – Vera, mit dem eisigen großen V, ein Pfeil, der nach unten schießt. Vera sei ein russischer Name, hat sie ihm einmal erzählt. Als man ihm die Russen und die Amerikaner zum ersten Mal als Gegner vorsetzte, zwischen denen er zu wählen hatte (»Für wen bist du, für Smuts oder Malan? Für wen bist du, für Superman oder Captain Marvel? Für wen bist du, für die Russen oder die Amerikaner?«), entschied er sich für die Russen, wie er sich für die Römer entschieden hatte – weil er den Buchstaben *r* mag, besonders das große *R*, den stärksten von allen Buchstaben.

Er entschied sich 1947 für die Russen, als alle anderen sich für die Amerikaner entschieden; und da er sich für sie entschieden hatte, verschlang er alles, was es über sie zu lesen gab. Sein Vater hatte eine dreibändige Geschichte des Zweiten Weltkrieges gekauft. Er liebte diese Bücher und studierte sie, studierte die Fotos von russischen Soldaten in weißen Skiuniformen, von russischen Soldaten mit Maschinenpistolen, die gebückt durch die Ruinen von Stalingrad huschten, von russischen Panzerkommandanten, die durch ihre Ferngläser starrten. (Der russische T-34 war der beste Panzer der Welt, besser als der amerikanische Sherman, besser sogar als der deutsche Tiger.) Immer wieder kam er zu einem Gemälde zurück, das einen russischen Piloten zeigte, der mit seinem Sturzkampfbomber über einer brennenden, vernichteten deutschen Panzerkolonne abdrehte. Er bekannte sich zu allem Russischen. Er bekannte sich zum strengen, doch väterlichen Feldmarschall Stalin, dem größten und weitsichtigsten Strategen des Krieges; er bekannte sich zum Barsoi, dem russischen Windhund, dem schnellsten aller Hunde. Er wußte alles Wissenswerte über Rußland: seine Größe in Quadratmeilen, seine Kohleförderung und Stahlproduktion in Tonnen, die Länge seiner großen Flüsse: Wolga, Dnjepr, Jenissei, Ob.

Dann wurde ihm klar, durch die Mißbilligung der Eltern, durch die Verwunderung der Freunde, durch das, was sie ihren Eltern über ihn erzählten – die Parteinahme für die Russen war kein Spiel mehr, sie war nicht erlaubt.

Anscheinend läuft immer etwas schief. Was er will, was er mag, muß früher oder später zum Geheimnis werden. Allmählich hält er sich für eine dieser Spinnen, die in einem Loch im Boden mit einer Falltür leben. Immer muß die Spinne in ihr Loch zurückhuschen, die Falltür hinter sich schließen, die Welt aussperren, sich verstecken.

In Worcester hält er seine russische Vergangenheit geheim, versteckt das verwerfliche Heft mit den Zeichnungen, auf denen feindliche Kampfflugzeuge Rauchfahnen hinter sich herziehend ins Meer stürzen und Kriegsschiffe mit dem Bug voran in den Wellen versinken. Das Malen ersetzt er durch Phantasie-Cricketspiele. Er benutzt ein Strandschlagholz und einen Tennisball. Die Herausforderung besteht darin, den Ball so lange wie möglich in der Luft zu halten. Stundenlang umkreist er den Eßzimmertisch und schlägt den Ball in die Luft. Alle Vasen und Nippes sind fortgeräumt; jedesmal wenn der Ball gegen die Decke prallt, rieselt feiner roter Staub herab.

Er spielt ganze Spiele, elf Schlagmänner pro Mannschaft schlagen jeweils zweimal. Jeder Treffer zählt als ein Lauf. Wenn seine Aufmerksamkeit nachläßt und er den Ball verfehlt, scheidet ein Schlagmann aus, und er vermerkt den Spielstand auf der Anschreibekarte. Es ergeben sich gewaltige Summen: fünfhundert Läufe, sechshundert Läufe. Einmal erzielt England tausend Läufe, was noch keine wirkliche Mannschaft je geschafft hat. Manchmal gewinnt England, manchmal Südafrika; seltener Australien oder Neuseeland.

In Rußland und Amerika spielt man kein Cricket. Die Amerikaner spielen Baseball; die Russen scheinen gar nichts zu spielen, vielleicht weil es dort immer schneit.

Er weiß nicht, was die Russen so machen, wenn sie nicht gerade Krieg führen.

Von seinen privaten Cricketspielen erzählt er den Freunden nichts, die sind nur für zu Hause. Als sie noch neu in Worcester waren, ist einmal ein Junge aus seiner Klasse zur offenen Haustür hereingekommen und hat ihn unter einem Stuhl auf dem Rücken liegend entdeckt. »Was machst du da?« hat er gefragt. »Ich denke«, hat er ohne zu überlegen gesagt: »Ich denke gern.« Bald wußten alle in seiner Klasse davon: Der Neue war verrückt, er war nicht normal. Aus diesem Fehler hat er gelernt, vorsichtiger zu sein. Vorsichtig zu sein, heißt zum Beispiel, eher weniger als mehr zu erzählen.

Er spielt auch richtiges Cricket mit jedem, der dazu bereit ist. Doch richtiges Cricket auf dem freien Platz im Zentrum von Reunion Park ist unerträglich langsam; der Ball wird ständig vom Schlagmann verfehlt, vom Torwächter verfehlt, verschwindet irgendwo. Er haßt es, nach verschwundenen Bällen zu suchen. Er haßt auch das Spiel als Fänger auf steinigem Boden, wo man sich beim Hinfallen jedesmal Hände und Knie aufschrammt. Er will nur Schlagmann oder Werfer sein, das ist alles.

Er beschwatzt den Bruder, obwohl der erst sechs ist, verspricht ihm, daß er mit seinen Spielsachen spielen darf, wenn er für ihn im Hinterhof den Ball bowlt. Eine Weile bowlt der Bruder, dann verliert er die Lust, es langweilt ihn, und er huscht schutzsuchend ins Haus. Dann versucht er, seiner Mutter das Bowlen beizubringen, doch sie stellt sich ungeschickt an. Während er allmählich verzweifelt, schüttet sie sich aus vor Lachen über ihre Unbeholfenheit. Deshalb erlaubt er ihr, den Ball einfach zu werfen. Doch am Ende ist das Schauspiel zu peinlich, zu leicht von der Straße aus zu beobachten: eine Mutter, die mit ihrem Sohn Cricket spielt.

Er halbiert eine Marmeladenbüchse und nagelt die untere Hälfte an einen 60 Zentimeter langen hölzernen Arm. Er befestigt den Arm an einer Achse, die er durch die Wände einer mit Ziegelsteinen beschwerten Transportkiste steckt. Ein Stück Fahrradschlauch zieht den Arm nach vorn, und ein Seil, das durch einen Haken in der Kiste läuft, zieht ihn nach hinten. Er legt einen Ball in die Blechbüchse, geht zehn Schritte zurück, zieht an dem Seil, bis der Gummischlauch gespannt ist, klemmt das Seil unter seine Ferse, nimmt die Schlagposition ein und läßt das Seil fahren. Manchmal fliegt der Ball in den Himmel, manchmal ihm direkt an den Kopf; doch hin und wieder fliegt er in seine Reichweite, und er kann ihn schlagen. Das befriedigt ihn – er ist Werfer und Schlagmann zugleich, er hat es geschafft, nichts ist unmöglich.

Eines Tages fordert er Greenberg und Goldstein in einer vertrauensseligen Stimmung auf, ihre frühesten Erinnerungen hervorzuholen. Greenberg sträubt sich – das ist ein Spiel, auf das er sich nicht einlassen will. Goldstein bietet eine lange und witzlose Geschichte, wie er an den Strand mitgenommen wird, eine Geschichte, der er kaum zuhört. Denn er hat sich das Spiel natürlich ausgedacht, damit er seine erste Erinnerung erzählen kann.

Er beugt sich aus dem Fenster ihrer Wohnung in Johannesburg. Die Dämmerung bricht herein. Unten auf der Straße kommt ein Auto angerast. Ein Hund, ein kleiner gefleckter Hund, läuft vor das Auto, das den Hund überfährt – die Räder fahren dem Hund mitten über den Leib. Mit gelähmten Hinterpfoten schleppt sich das Tier fort und jault vor Schmerz. Ganz bestimmt wird es sterben; doch in dem Moment zieht man ihn schnell vom Fenster weg.

Das ist eine großartige erste Erinnerung, sie stellt alles in den Schatten, was der arme Goldstein ausgraben kann. Aber ist sie auch wahr? Warum hat er sich aus dem Fenster gelehnt und auf eine leere Straße geschaut? Hat er wirklich gesehen, wie das Auto den Hund überfahren hat, oder hat er nur einen Hund jaulen hören und ist zum Fenster gerannt? Hat er vielleicht nur gesehen, wie ein Hund seine Hinterpfoten nachgeschleppt hat, und der Rest der Geschichte mit Auto und Fahrer ist von ihm frei erfunden?

Da gibt es noch eine frühe Erinnerung, eine, der er mehr traut, die er aber nie erzählen würde, ganz bestimmt nicht Greenberg und Goldstein, die sie in der Schule ausposaunen und ihn damit lächerlich machen würden.

Er sitzt neben seiner Mutter in einem Bus. Es muß kalt sein, denn er hat rote Wollhosen an und eine Wollmütze mit einer Bommel auf. Der Motor des Busses quält sich ab; sie fahren den wilden und einsamen Swartberg-Paß hinauf.

In der Hand hat er ein Bonbonpapier. Er hält das Papier aus dem Fenster, das einen Spalt offensteht. Es flattert und zittert im Wind.

»Soll ich es loslassen?« fragt er die Mutter.

Sie nickt. Er läßt es los.

Das Stück Papier fliegt hoch in den Himmel. Dort unten ist nichts als der schreckliche Abgrund des Passes, umgeben von kalten Berggipfeln. Er verrenkt sich den Hals und erhascht nach hinten hinaus einen letzten Blick auf das Papier, das immer noch tapfer fliegt.

»Was wird aus ihm?« fragt er die Mutter; doch sie versteht nicht.

Das ist die andere frühe Erinnerung, die geheime. Er denkt immerzu an das Stück Papier, allein in dieser unendlichen Weite, das er im Stich gelassen hat, als er es nicht hätte tun dürfen. Eines Tages muß er wieder zum Swartberg-Paß und es finden und retten. Das ist seine Pflicht: Er darf nicht sterben, bis er es getan hat.

Seine Mutter verachtet Männer, die »zwei linke Hände« haben, und zu denen zählt sie auch seinen Vater, doch ebenso ihre eigenen Brüder, und vor allem ihren ältesten Bruder Roland, der die Farm hätte behalten können, wenn er hart genug gearbeitet hätte, um die Schulden abzuzahlen, es aber nicht getan hat. Von den vielen Onkeln väterlicherseits (er zählt acht blutsverwandte und weitere acht angeheiratete) bewundert sie am meisten Joubert Olivier, der auf Skipperskloof einen Generator installiert hat und sich sogar selbst die Grundlagen der Zahnheilkunde beigebracht hat. (Bei einem seiner Besuche auf der Farm bekommt er Zahnschmerzen. Onkel Joubert setzt ihn auf einen Stuhl unter einen Baum und bohrt ohne Betäubung das Loch und füllt es mit Guttapercha. Noch nie in seinem Leben hat er so gelitten.) Wenn etwas kaputtgeht – Teller, Nippes, Spielzeug –, repariert das die Mutter selbst: mit Strick, mit Leim. Die Dinge, die sie zusammenbindet, werden locker, weil sie keine Ahnung von Knoten hat. Die Dinge, die sie klebt, fallen auseinander; sie schiebt es auf den Leim.

Die Küchenschubfächer sind voller krummer Nägel, Strickenden, Bälle aus Stanniolpapier, alter Briefmarken. »Warum hebst du das auf?« fragt er. »Man kann ja nie wissen«, antwortet sie.

Wenn sie schlechte Laune hat, verunglimpft sie alle Bücherweisheit. Die Kinder sollte man in die Berufsschule schicken, sagt sie, und dann arbeiten lassen. Studieren ist sinnlos. Am besten lernt man Möbeltischler oder Zimmermann, wie man Holz bearbeitet. Von der Landwirtschaft ist sie enttäuscht; es gibt jetzt, wo die Farmer plötzlich reich geworden sind, zu viel Faulheit, zu viel Protzerei unter ihnen.

Denn der Wollpreis ist kräftig gestiegen. Laut Rundfunkmeldungen zahlen die Japaner für die beste Qualität ein Pfund pro Pfund. Schaffarmer kaufen neue Autos und leisten sich Urlaub am Meer. »Du mußt uns etwas von deinem Geld abgeben, wo du jetzt so reich bist«, sagt sie zu Onkel Son bei einem ihrer Besuche auf Voëlfontein. Sie lächelt, als sie das sagt, und tut so, als sei es ein Scherz, aber es ist nicht lustig. Onkel Son sieht verlegen aus und erwidert leise etwas, das er nicht versteht.

Die Farm sollte eigentlich nicht an Onkel Son allein vererbt werden, erzählt ihm die Mutter; sie wurde allen zwölf Söhnen und Töchtern zu gleichen Teilen vermacht. Damit sie nicht versteigert werden mußte, kamen die Geschwister überein, ihre Anteile an Son zu verkaufen; von diesem Verkauf blieben allen Schuldscheine über ein paar Pfund. Nun ist die Farm wegen der Japaner Tausende Pfund wert. Son sollte sein Geld teilen.

Er schämt sich für seine Mutter wegen der Taktlosigkeit, mit der sie über Geld spricht.

»Du mußt Arzt oder Rechtsanwalt werden«, sagt sie zu ihm. »Das sind die Leute, die Geld machen.« Bei anderen Gelegenheiten erzählt sie ihm jedoch, daß alle Anwälte Gauner sind. Er fragt nicht, wie sein Vater in dieses Bild paßt, sein Vater, der Anwalt, der kein Geld gemacht hat.

Den Ärzten sind ihre Patienten gleichgültig, sagt sie. Sie verschreiben einfach Pillen. Die Afrikaans-Ärzte sind die schlimmsten, weil sie noch dazu inkompetent sind.

Sie macht zu verschiedenen Gelegenheiten so verschiedene Äußerungen, daß er nicht weiß, was sie wirklich denkt. Er und sein Bruder diskutieren mit ihr, sie weisen sie auf die Widersprüche hin. Wenn sie glaubt, daß Farmer besser als Rechtsanwälte sind, warum hat sie dann einen Rechtsanwalt geheiratet? Wenn sie findet, daß Schulwissen nichts taugt, warum ist sie dann Lehrerin geworden? Je mehr sie mit ihr diskutieren, desto mehr lächelt sie. Das Geschick ihrer Kinder, mit Worten umzugehen, macht ihr so viel Freude, daß sie alles zugibt, sich kaum verteidigt, weil sie ihnen den Sieg gönnt.

Er versteht ihre Freude nicht. Er findet diese Diskussionen nicht lustig. Ihm wäre lieber, wenn sie an etwas glauben würde. Ihre Pauschalurteile, aus vorübergehenden Launen geboren, regen ihn auf.

Er seinerseits wird wahrscheinlich Lehrer werden. Das wird sein Leben sein, wenn er erwachsen ist. Scheint eine ziemlich langweilige Sache zu sein, aber was gibt es sonst? Ziemlich lange wollte er Lokführer werden. »Was willst du einmal werden?« fragten seine Tanten und Onkel immer. »Lokführer!« krähte er, und alle nickten und lächelten. Jetzt begreift er, daß man von allen kleinen Jungen erwartet, daß sie »Lokführer« sagen, wie man von kleinen Mädchen erwartet, daß sie »Krankenschwester« sagen. Er ist nicht mehr klein, er gehört zur Welt der Großen; er wird sich vom Traum, ein großes Dampfroß zu fahren, verabschieden und sich der Realität anpassen müssen. Seine schulischen Leistungen sind gut, er weiß sonst nichts, was er gut kann, deshalb wird er bei der Schule bleiben und sich hocharbeiten. Vielleicht wird er eines Tages sogar Schulrat. Jedenfalls wird er keine Büroarbeit machen; von früh bis spät zu arbeiten, mit nur zwei Wochen Urlaub im Jahr, hält er nicht aus.

Was für eine Art Lehrer wird er werden? Er kann sich nur ein verschwommenes Bild von sich selbst machen. Er sieht eine Gestalt im sportlichen Sakko und in grauer Flanellhose (das ist offenbar die Lehrertracht) mit Büchern unterm Arm einen Korridor entlanggehen. Es ist nur ein flüchtiges Bild, das gleich wieder verblaßt. Das Gesicht sieht er nicht.

Er hofft, daß er, wenn es soweit ist, nicht als Lehrer an einen Ort wie Worcester geschickt wird. Aber vielleicht ist Worcester ein Fegefeuer, durch das man hindurchmuß. Vielleicht schickt man Leute nach Worcester, um sie zu testen.

Eines Tages müssen sie in der Schule einen Aufsatz schreiben: »Was ich am Morgen mache.« Sie sollen beschreiben, was sie machen, ehe sie zur Schule gehen. Er weiß, was erwartet wird: Wie er sein Bett macht, wie er das Frühstücksgeschirr abwäscht, wie er sich Pausenbrote abschneidet. Obwohl er in Wirklichkeit nichts dergleichen tut – das alles macht seine Mutter für ihn –, lügt er gut genug, um nicht entdeckt zu werden. Doch er geht zu weit, als er beschreibt, wie er seine Schuhe putzt. Er hat noch nie im Leben seine Schuhe geputzt. Im Aufsatz schreibt er, daß man die Bürste benutzt, um den Dreck abzubürsten, und danach trägt man die Schuhcreme auf. Miss Oosthuizen versieht den Heftrand neben der Schuhputzgeschichte mit einem dicken blauen Ausrufezeichen. Es ist ihm äußerst peinlich, er betet, daß sie ihn ja nicht auffordert, seinen Aufsatz der Klasse vorzulesen. An jenem Abend paßt er genau auf, als die Mutter seine Schuhe putzt, damit er es nicht noch einmal falsch macht.

Er läßt die Mutter seine Schuhe putzen, wie er sie alles für sich tun läßt, was sie will. Das einzige, was er ihr nicht mehr gestattet, ist, daß sie ins Bad kommt, wenn er sich ausgezogen hat.

Er weiß, daß er lügt, weiß, daß er schlecht ist, aber er ändert sich nicht. Er ändert sich nicht, weil er sich nicht ändern will. Daß er sich von anderen Jungen unterscheidet, hat vielleicht etwas mit seiner Mutter zu tun und mit seiner unnatürlichen Familie, aber auch mit seinen Lügen. Wenn er aufhören würde zu lügen, müßte er seine Schuhe putzen und höflich sein und alles tun, was normale Jungen tun. Dann wäre er nicht mehr er selbst. Wenn er nicht mehr er selbst wäre, was hätte das Leben dann noch für einen Sinn?

Er lügt, und er ist hartherzig – er belügt die Welt im allgemeinen und ist seiner Mutter gegenüber hartherzig. Es tut seiner Mutter weh, merkt er, daß er sich immer mehr von ihr entfernt. Trotzdem verhärtet er sein Herz und will sich nicht erweichen lassen. Seine einzige Entschuldigung ist, daß er auch zu sich selbst ohne Mitleid ist. Er lügt, aber er belügt sich nicht selbst.

»Wann wirst du sterben?« fragt er sie eines Tages herausfordernd, erstaunt über seine eigene Kühnheit.

»Ich werde nicht sterben«, antwortet sie. Sie spricht in munterem Ton, aber ihre Munterkeit klingt gekünstelt.

»Und wenn du nun Krebs bekommst?«

»Krebs bekommt man nur durch einen Schlag vor die

Brust. Ich bekomme keinen Krebs. Ich lebe ewig. Ich werde nicht sterben.«

Er weiß, warum sie das sagt. Sie sagt das ihm und seinem Bruder zuliebe, damit sie sich keine Sorgen machen. Es ist dumm, so etwas zu sagen, aber er ist ihr dankbar dafür.

Er kann sich nicht vorstellen, daß sie stirbt. Sie ist der Fixpunkt in seinem Leben. Sie ist der Fels, auf dem er steht. Ohne sie wäre er nichts.

Sie paßt gut auf, daß ihre Brust keinen Stoß abbekommt. Seine allererste Erinnerung, noch früher als die an den Hund, früher als die an das Bonbonpapier, ist die Erinnerung an ihre weiße Brust. Er vermutet, daß er ihr als Baby wehgetan hat, mit den kleinen Fäusten gegen ihre Brust geschlagen hat, sonst würde sie ihm jetzt die Brust nicht so entschieden verweigern, sie, die ihm sonst nichts verweigert.

Krebs ist die große Angst ihres Lebens. Was ihn angeht, so hat man ihm beigebracht, auf Schmerzen in der Seite zu achten, jeden Stich als Anzeichen von Blinddarmentzündung zu deuten. Wird ihn der Krankenwagen ins Krankenhaus bringen können, bevor der Blinddarm platzt? Wird er aus der Narkose jemals wieder erwachen? Ihm gefällt der Gedanke nicht, daß ihn ein fremder Arzt aufschneidet. Andererseits wäre es ganz nett, hinterher eine Narbe zu haben, die man herumzeigen könnte. Wenn in der Schulpause Erdnüsse und Rosinen verteilt werden, bläst er die papierdünnen roten Häute der Erdnüsse fort, die im Ruf stehen, sich im Blinddarm festzusetzen und dort Entzündungen hervorzurufen.

Er geht ganz in seinen Sammlungen auf. Er sammelt Briefmarken. Er sammelt Bleisoldaten. Er sammelt Bilder – Bilder von australischen Cricketspielern, Bilder von englischen Fußballern, Bilder von Autos aus aller Welt. Um an die Bilder zu kommen, muß er Packungen mit Zigaretten aus

Nougat und Zuckerguß kaufen, die rosabemalte Enden haben. Seine Hosentaschen sind immer voller schmelzender, klebriger Zigaretten, die er zu essen vergessen hat.

Viele Stunden bringt er mit seinem Meccano-Baukasten zu und zeigt so seiner Mutter, daß auch er geschickte Hände hat. Er baut mit paarweise verbundenen Scheiben eine Windmühle, deren Flügel so schnell angekurbelt werden können, daß ein Luftzug durchs Zimmer streicht.

Er läuft um den Hof, wirft dabei einen Cricketball in die Luft und fängt ihn, ohne aus dem Tritt zu kommen. Was ist die wahre Flugbahn des Balles: Steigt er gerade in die Luft und fällt gerade herunter, wie er es sieht, oder beschreibt er im Aufsteigen und Fallen einen Kreis, wie es ein stillstehender Zuschauer sehen würde? Wenn er mit seiner Mutter über solche Dinge redet, sieht er die Verzweiflung in ihren Augen – sie weiß, daß diese Dinge wichtig sind, und möchte verstehen, warum, kann es aber nicht. Er hingegen wünscht sich, daß sie an den Dingen um ihrer selbst willen interessiert ist, nicht nur weil sie ihn interessieren.

Wenn es etwas Handwerkliches zu tun gibt, was er nicht tun kann und sie nicht tun kann, wie zum Beispiel einen tropfenden Hahn zu reparieren, ruft sie einen Farbigen von der Straße herein, irgendeinen, einen, der gerade vorbeikommt. Warum, fragt er sich verärgert, hat sie diesen Glauben an Farbige? Weil sie es gewöhnt sind, mit den Händen zu arbeiten, antwortet sie. Eben weil sie nicht zur Schule gegangen sind, eben weil sie kein Schulwissen haben, scheint sie damit zu sagen, wissen sie, wie die Dinge in der Realität funktionieren.

Es ist einfältig, das zu glauben, besonders wenn sich dann herausstellt, daß diese Leute keine Ahnung haben, wie man einen Wasserhahn abdichtet oder einen Küchenherd repariert. Doch es unterscheidet sich so von dem, was alle anderen glauben, ist so wunderlich, daß er es liebenswert findet, ohne es zu wollen. Es ist ihm lieber, daß seine Mutter von den Farbigen wahre Wunder erwartet, als wenn sie gar nichts von ihnen erwarten würde.

Er versucht immer, seine Mutter zu begreifen. Juden sind Ausbeuter, sagt sie; doch sie geht lieber zu jüdischen Ärzten, weil sie ihre Sache verstehen. Farbige sind das Salz der Erde, sagt sie, doch sie und ihre Schwestern machen sich immer lustig über vorgebliche Weiße mit geheimgehaltenen farbigen Vorfahren. Er versteht nicht, wie sie so viele widersprüchliche Meinungen gleichzeitig haben kann. Doch sie hat wenigstens Meinungen. Und auch ihre Brüder. Ihr Bruder Norman glaubt an den Mönch Nostradamus und seine Prophezeiungen des Weltendes; er glaubt an fliegende Untertassen, die nachts landen und Leute entführen. Er kann sich nicht vorstellen, daß sein Vater oder dessen Familie über das Ende der Welt reden. Ihr einziges Ziel im Leben ist, Auseinandersetzungen zu vermeiden, niemanden zu verletzen, stets liebenswürdig zu sein; verglichen mit der Familie seiner Mutter sind sie farblos und langweilig.

Er steht seiner Mutter zu nahe, seine Mutter steht ihm zu nahe. Das ist der Grund, weshalb die Familie seines Vaters, trotz der Jagd und all der anderen männlichen Betätigungen während seiner Besuche auf der Farm, nie warm mit ihm geworden ist. Vielleicht war seine Großmutter allzu hart, als sie sich weigerte, die drei aufzunehmen, als sie 1944 mit dem halben Sold eines Obergefreiten auskommen mußten und zu arm waren, um Butter oder Tee zu kaufen, doch ihr Instinkt war richtig gewesen. Die Familie, angeführt von seiner Großmutter, ist nicht blind, was das Geheimnis der Pappelallee Nr. 12 betrifft, nämlich daß der Erstgeborene die erste

Geige im Haushalt spielt, der Zweitgeborene die zweite, und der Mann, der Ehemann, der Vater, zuletzt kommt. Entweder gibt sich seine Mutter nicht genug Mühe, es vor der Familie zu verbergen, oder sein Vater hat sich insgeheim beschwert. Sie finden, diese Perversion der natürlichen Ordnung ist zutiefst beleidigend für ihren Sohn und Bruder und daher auch für sie. Sie mißbilligen das und verbergen ihre Mißbilligung nicht, ohne grob zu sein.

Wenn die Mutter mit dem Vater streitet und einen Punkt machen will, beschwert sie sich manchmal bitter darüber, daß seine Familie sie kalt behandelt. Meist aber versucht sie – ihrem Sohn zuliebe, weil sie weiß, von welch zentraler Bedeutung die Farm für sein Leben ist, weil sie nichts als Ersatz bieten kann –, sich bei ihnen auf eine Art einzuschmeicheln, die er geschmacklos findet. Diese Bemühungen ihrerseits sind begleitet von Scherzen über Geld, die nicht lustig sind. Sie hat keinen Stolz. Oder um es anders auszudrücken: Sie würde alles für ihn tun.

Er wünschte, sie wäre normal. Wenn sie normal wäre, könnte er normal sein.

Bei ihren beiden Schwestern ist es dasselbe. Jede von ihnen hat ein Kind, einen Sohn, den sie mit erstickender Besorgtheit bemuttern. Sein Cousin Juan in Johannesburg ist sein allerbester Freund – sie schreiben sich, sie freuen sich auf gemeinsame Ferien am Meer. Trotzdem gefällt es ihm nicht, wenn er sieht, daß Juan verschämt jede Vorschrift seiner Mutter befolgt, auch wenn sie gar nicht da ist, um es zu kontrollieren. Von allen vier Söhnen ist er der einzige, der nicht völlig unter dem Pantoffel seiner Mutter steht. Er hat sich gelöst, oder halb gelöst: Er hat seine eigenen Freunde, die er sich selbst ausgesucht hat, er fährt mit der Rad fort, ohne zu sagen, wohin oder wann er zurückkommen wird. Seine Cousins und sein Bruder haben keine Freunde. Er denkt, daß sie blaß und furchtsam sind, immer zu Hause unter den Augen ihrer starken Mütter. Der Vater nennt die drei verschwisterten Mütter die drei Hexen. »Sudel, sudel, treib und trudel«, sagt er, *Macbeth* zitierend. Amüsiert, boshaft gibt er ihm recht.

Wenn seine Mutter besonders bittere Gedanken über ihr Leben in Reunion Park bewegen, sagt sie, sie hätte doch lieber Bob Breech heiraten sollen. Er nimmt sie nicht ernst. Gleichzeitig traut er seinen Ohren nicht. Wenn sie Bob Breech geheiratet hätte, wo wäre er dann? Wer wäre er dann? Wäre er dann der Sohn von Bob Breech? Wäre dann der Sohn von Bob Breech er?

Von der Existenz eines echten Bob Breech ist nur ein Zeugnis geblieben. Er findet es zufällig in einem der Fotoalben seiner Mutter: ein unscharfes Foto von zwei jungen Männern in langen weißen Hosen und dunklen Blazern, die an einem Strand stehen, einer den Arm um die Schultern des anderen gelegt, und in die Sonne blinzeln. Einen davon kennt er: Juans Vater. Wer ist der andere Mann? fragt er seine Mutter, ohne sich was dabei zu denken. Bob Breech, antwortet sie. Wo ist er jetzt? Er ist tot, sagt sie.

Angestrengt starrt er in das Gesicht des toten Bob Breech. Von sich selbst kann er darin nichts entdecken.

Er stellt keine weiteren Fragen. Doch indem er den Schwestern aufmerksam zuhört und zwei und zwei zusammenzählt, erfährt er, daß Bob Breech aus gesundheitlichen Gründen nach Südafrika gekommen war; daß er nach ein oder zwei Jahren nach England zurückgekehrt ist; daß er dort gestorben ist. Er starb an Tuberkulose, aber ein gebrochenes Herz, so wird angedeutet, hat vielleicht sein Ende beschleunigt – die dunkelhaarige, dunkeläugige junge Lehrerin mit dem mißtrauischen Blick, die er an der Bucht von Plettenberg kennengelernt hatte und die ihn nicht heiraten wollte, hatte ihm das Herz gebrochen.

Gern blättert er in den Fotoalben. Ganz egal wie undeutlich das Foto ist, er kann seine Mutter immer in der Gruppe ausmachen – sie ist die mit dem scheuen, abweisenden Blick, in dem er eine weibliche Version seines eigenen Blicks erkennt. Er verfolgt ihr Leben in den Alben durch die zwanziger und die dreißiger Jahre: zuerst die Mannschaftsbilder (Hockey, Tennis), dann die Bilder von ihrer Europareise: Schottland, Norwegen, die Schweiz, Deutschland; Edinburgh, die Fjorde, die Alpen, Bingen am Rhein. Unter ihren Andenken befindet sich ein Drehbleistift aus Bingen, mit einem winzigen Guckloch in der Seite, durch das man eine Burg auf einem Felsen sieht.

Manchmal blättern sie gemeinsam in den Alben, er und sie. Sie seufzt und meint, wie gern würde sie Schottland wiedersehen, die Heide, die Glockenblumen. Er denkt: Sie hatte ein Leben vor meiner Geburt. Das freut ihn für sie, denn jetzt hat sie kein Leben mehr.

Ihr Europa ist ein ganz anderes Europa als das aus dem Fotoalbum seines Vaters, in dem Südafrikaner in Khakiuniformen sich vor den Pyramiden in Ägypten aufgebaut haben oder vor den Ruinen italienischer Städte. Aber bei diesem Album verweilt er weniger bei den Fotos als bei den eingelegten Flugblättern, Flugblättern, die von deutschen Flugzeugen über den alliierten Stellungen abgeworfen wurden. Eins erklärt den Soldaten, wie sie Fieber bekommen können (indem sie Seife essen); ein anderes zeigt eine tolle Frau, die auf den Knien eines fetten, Champagner trinkenden Juden mit Hakennase sitzt. »Weißt du, wo deine Frau heute abend ist?« fragt die Unterschrift. Und dann gibt es den blauen

Porzellanadler, den sein Vater in den Ruinen eines Hauses in Neapel gefunden und im Tornister mit nach Hause gebracht hat, den Reichsadler, der jetzt auf dem Schreibtisch im Wohnzimmer steht.

Er ist unheimlich stolz auf den Kriegsdienst seines Vaters. Er ist überrascht – und befriedigt –, als er feststellt, wie wenige der Väter seiner Freunde im Krieg gekämpft haben. Wieso sein Vater nur Obergefreiter geworden ist, weiß er nicht genau; er macht ihn stillschweigend zum Unteroffizier, wenn er seinen Freunden von den Abenteuern seines Vaters erzählt. Doch er hält das Foto in Ehren, aufgenommen in einem Studio in Kairo, auf dem sein hübscher Vater zu sehen ist, wie er ein Gewehr angelegt hat und mit einem zugekniffenen Auge zielt, sein Haar ist ordentlich gekämmt, sein Barett nach Vorschrift unter die Schulterklappe geschoben. Wenn es nach ihm ginge, befände es sich auch auf dem Kaminsims.

Vater und Mutter sind sich nicht einig, was die Deutschen betrifft. Der Vater mag die Italiener (sie waren nicht mit dem Herzen beim Kampf, sagt er; sie wollten nur kapitulieren und nach Hause gehen), doch er haßt die Deutschen. Er erzählt die Geschichte von einem Deutschen, der auf dem Klo sitzend erschossen wurde. Manchmal war er es, der in der Geschichte den Deutschen erschossen hat, manchmal einer seiner Freunde; aber in keiner der Versionen zeigt er das geringste Mitleid, nur Belustigung über die Verwirrung des Deutschen, der versucht hatte, die Hände zu heben und gleichzeitig die Hosen hochzuziehen.

Seine Mutter weiß, daß es nicht geraten ist, die Deutschen zu offen zu preisen, doch manchmal, wenn er und sein Vater sich gegen sie verbünden, vergißt sie alle Vorsicht. »Die Deutschen sind das beste Volk der Erde«, sagt sie dann. »Es war dieser schreckliche Hitler, der soviel Leid über sie gebracht hat.«

Ihr Bruder Norman ist nicht ihrer Meinung. »Hitler hat die Deutschen gelehrt, stolz auf sich zu sein«, sagt er.

Die Mutter und Norman sind in den dreißiger Jahren zusammen durch Europa gereist, nicht nur durch Norwegen und das schottische Hochland, sondern auch durch Deutschland, Hitlers Deutschland. Ihre Familie – die Brechers, die du Biels – stammt aus Deutschland, oder zumindest aus Pommern, das jetzt zu Polen gehört. Ist es gut, aus Pommern zu stammen? Er weiß es nicht genau. Aber er weiß wenigstens, woher er kommt.

»Die Deutschen wollten nicht gegen die Südafrikaner kämpfen«, sagt Norman. »Sie mögen die Südafrikaner. Wenn Smuts nicht gewesen wäre, hätten wir nie gegen Deutschland Krieg geführt. Smuts war ein *skelm*, ein Gauner. Er hat uns an die Briten verkauft.«

Der Vater und Norman mögen sich nicht. Wenn der Vater seiner Mutter am Zeug flicken will, wenn sie sich spät nachts in der Küche streiten, ärgert er sie mit ihrem Bruder, der nicht eingerückt ist, sondern statt dessen mit der Ossewabrandwag marschiert ist. »Das ist eine Lüge!« behauptet sie ärgerlich. »Norman war nicht in der Ossewabrandwag. Frag ihn selbst, er wird es dir sagen.«

Als er seine Mutter fragt, was die Ossewabrandwag ist, sagt sie, das sei nur Unfug, Leute, die Fackelumzüge auf den Straßen gemacht haben.

Die Finger von Normans rechter Hand sind gelb vom Nikotin. Er wohnt in einem Hotelzimmer in Pretoria, und das schon seit Jahren. Er verdient sein Geld mit dem Verkauf einer Broschüre, die er über Jiu-Jitsu verfaßt hat, für die er in den Anzeigenseiten der *Pretoria News* wirbt. »Erlernen Sie die japanische Kunst der Selbstverteidigung«, heißt es in der Annonce. »Sechs einfache Lektionen.« Die Leute schicken ihm Postanweisungen über zehn Shilling, und er liefert ihnen dafür die Broschüre: eine einzelne, vierfach gefaltete Seite mit Zeichnungen von den verschiedenen Griffen. Wenn Jiu-Jitsu nicht genug einbringt, verkauft er auf Provisionsbasis Grundstücke für einen Makler. Bis mittags bleibt er jeden Tag im Bett, trinkt Tee, raucht und liest Geschichten in *Argosy* und *Lilliput*. Nachmittags spielt er Tennis. 1938, vor zwölf Jahren, war er der Sieger im Einzel der Westprovinz. Er hat immer noch den Ehrgeiz in Wimbledon zu spielen, im Doppel, wenn es ihm gelingt, einen Partner zu finden.

Wenn Normans Besuch zu Ende geht, nimmt er den Neffen beiseite, ehe er nach Pretoria abreist, und steckt ihm einen braunen Zehn-Shilling-Schein in die Hemdtasche. »Für Eis«, murmelt er – jedes Jahr dieselben Worte. Er mag Norman nicht nur wegen des Geschenks – zehn Shilling sind viel Geld –, sondern auch, weil er daran denkt, weil er es nie vergißt.

Der Vater versteht sich mit dem anderen Bruder, Lance, besser, dem Lehrer aus Kingwilliamstown, der eingerückt ist. Es gibt noch den dritten Bruder, den ältesten, der für den Verlust der Farm verantwortlich ist, doch keiner erwähnt ihn außer seiner Mutter. »Der arme Roland«, murmelt die Mutter und schüttelt den Kopf. Roland hat eine Frau geheiratet, die sich Rosa Rakosta nennt, Tochter eines polnischen Grafen im Exil, deren richtiger Name aber, laut Norman, Sophie Pretorius ist. Norman und Lance hassen Roland wegen der Farm und verachten ihn, weil er unter der Fuchtel von Sophie steht. Roland und Sophie haben eine Pension in Kapstadt. Er ist einmal mit seiner Mutter dort gewesen. Sophie entpuppte sich als große, dicke blonde Frau, die vier Uhr nachmittags einen Satinmorgenmantel trug und Zigaretten in einer Zigarettenspitze rauchte, Roland als stiller Mann mit traurigem Gesicht und einer roten Beulennase durch die Bestrahlung, die ihn vom Krebs geheilt hatte.

Es gefällt ihm, wenn der Vater, die Mutter und Norman politische Streitgespräche führen. Die Erregung und Leidenschaft machen ihm Spaß, die unbesonnenen Äußerungen. Es überrascht ihn, daß er seinem Vater rechtgeben muß, demjenigen, dem er den Sieg am wenigsten gönnt –, daß die Engländer gut waren und die Deutschen böse, daß Smuts gut war und die Nationalisten böse sind.

Sein Vater ist für die Einheitspartei, sein Vater mag Kricket und Rugby, doch er kann seinen Vater nicht leiden. Diesen Widerspruch versteht er nicht, hat aber kein Interesse daran, ihn zu verstehen. Sogar ehe er seinen Vater kannte, das heißt, ehe sein Vater aus dem Krieg zurückkehrte, hatte er beschlossen, ihn nicht leiden zu können. Dieses Mißfallen ist also gewissermaßen ein abstraktes: Er möchte keinen Vater haben, oder er will wenigstens keinen Vater, der im selben Haus wohnt.

Was er an seinem Vater am meisten haßt, sind seine Gewohnheiten. Er haßt sie so sehr, daß der bloße Gedanke an sie ihn vor Abscheu schaudern läßt: das laute Naseschnauben am Morgen im Bad, den dampfigen Geruch nach Lifebuoy-Seife, den er hinterläßt, zusammen mit einem Schaum- und Haarrand im Waschbecken vom Rasieren. Am allermeisten haßt er den Geruch seines Vaters. Andererseits gefallen ihm wider Willen die flotten Sachen seines Vaters, das kastanienbraune Tuch, das er statt einer Krawatte samstagmorgens trägt, seine propere Gestalt, sein forscher Gang, sein mit Brillantine gestriegeltes Haar. Auch er benutzt Brillantine und kultiviert eine Tolle.

Er haßt den Friseurbesuch, er haßt ihn so sehr, daß er sogar versucht, sich selbst das Haar zu schneiden, mit erbärmlichen Resultaten. Die Friseure von Worcester scheinen übereingekommen zu sein, daß Jungen kurzes Haar haben sollten. Die Sitzungen beginnen so brutal wie möglich damit, daß der elektrische Haarschneider sein Haar hinten und an den Seiten wegsäbelt, und es geht weiter mit gnadenlosem Geschnippel der Schere, bis nur noch bürstenähnliche Stoppeln übrigbleiben, vielleicht vorn mit einer rettenden Schmachtlocke. Noch ehe die Prozedur fertig ist, windet er sich vor Scham; er zahlt seinen Shilling und rennt nach Hause, voller Angst vor der Schule am nächsten Tag, voller Angst vor dem rituellen Hohn, mit dem jeder Junge mit frisch geschnittenen Haaren begrüßt wird. Es gibt ordentliche Haarschnitte, und dann gibt es die Haarschnitte, die man in Worcester erleidet, geprägt von der Boshaftigkeit der Friseure; er weiß nicht, wo man hingehen muß, was man tun oder sagen muß, wieviel man zahlen muß, um einen ordentlichen Haarschnitt zu bekommen.

Sechs

Obwohl er jeden Samstagnachmittag ins Kino geht, fesseln ihn die Filme nicht mehr so wie damals in Kapstadt, wo ihn Alpträume verfolgten, in denen er unter Fahrstühlen zerquetscht wurde oder von Felsen stürzte, wie die Serienhelden. Er weiß nicht, warum Errol Flynn, der immer gleich aussieht, ob er nun Robin Hood oder Ali Baba spielt, ein großer Schauspieler sein soll. Er hat Verfolgungsjagden zu Pferde satt, die immer das gleiche sind. Die Drei Stooges wirken allmählich einfältig. Und es ist schwer, an Tarzan zu glauben, wenn Tarzan immer von einem anderen gespielt wird. Der einzige Film, der Eindruck auf ihn macht, ist der, in dem Ingrid Bergman in einen Waggon einsteigt, der mit Pocken infiziert ist, und stirbt. Ingrid Bergman ist die Lieblingsschauspielerin seiner Mutter. Ist denn das Leben so – könnte seine Mutter jederzeit sterben, nur weil sie ein Schild in einem Fenster übersehen hat?

Dann gibt es noch das Radio. Für die Kinderstunde ist er zu groß, doch den Serien bleibt er treu: Superman jeden Tag um fünf (»Up! Up and Away!«), Mandra, der Zauberer um halb sechs. Seine Lieblingsgeschichte ist »Die Schneegans« von Paul Gallico, die der A-Sender auf allgemeinen Wunsch immer wieder ausstrahlt. Das ist die Geschichte einer Wildgans, die den Schiffen den Weg vom Strand von Dünkirchen zurück nach Dover zeigt. Er lauscht mit Tränen in den Augen. Eines Tages möchte er so treu sein wie die Schneegans. Sie bringen *Die Schatzinsel* in einer Hörspielfassung im Radio, jede Woche eine halbstündige Episode. Er hat sein eigenes Exemplar der *Schatzinsel*; aber er hat sie gelesen, als er noch zu klein war und die Sache mit dem Blinden und dem schwarzen Fleck nicht verstehen konnte, nicht herausfinden konnte, ob Long John Silver gut oder böse war. Jetzt hat er nach jeder Radiofolge Alpträume, die sich um Long John drehen – um die Krücke, mit der er Menschen umbringt, seine falsche, sentimentale Besorgtheit um Jim Hawkins. Er wünscht sich, Squire Trelawny würde Long John töten, anstatt ihn ziehen zu lassen – er ist gewiß, daß er eines Tages mit seinen halsabschneiderischen Meuterern zurückkommen wird, um Rache zu nehmen, so wie es in seinen Träumen geschieht.

Die Schweizer Familie Robinson ist viel tröstlicher. Er hat eine hübsche Ausgabe des Buches mit farbigen Illustrationen. Besonders gefällt ihm das Bild von dem Schiff, wie es unter den Bäumen auf Stapel liegt. Das Schiff, gebaut mit Werkzeugen, die von der Familie aus dem Wrack geborgen wurden, soll sie mit allen ihren Tieren wieder nach Hause bringen, wie Noahs Arche. Es ist ein Vergnügen, als gleite man in ein warmes Bad, wenn man die Schatzinsel hinter sich läßt und die Welt der Schweizer Familie betritt. In der Schweizer Familie gibt es keine bösen Brüder, keine mörderischen Piraten; in ihrer Familie arbeiten alle vergnügt zusammen unter der Leitung eines klugen, starken Vaters (die Bilder zeigen ihn mit gewölbtem Brustkasten und langem kastanienbraunen Bart), der von Anfang an weiß, was zu tun ist, um sie zu retten. Er fragt sich nur, warum müssen sie, wenn sie es so gemütlich haben auf der Insel und glücklich sind, überhaupt weg von dort.

Er besitzt noch ein drittes Buch, *Scott von der Antarktis*. Captain Scott ist einer seiner unbestrittenen Helden – deshalb hat er das Buch geschenkt bekommen. Es enthält Fotos, darunter eins von Scott, wie er in dem Zelt sitzt und schreibt, in dem er später erfroren ist. Er schaut sich die Fotos oft an, aber mit dem Lesen kommt er nicht weit – das Buch ist langweilig, es erzählt keine Geschichte. Ihm gefällt nur das Stück über Titus Oates, den Mann mit den Erfrierungen, der in die Nacht hinausging, weil er seine Kameraden nicht aufhalten wollte. Er ging hinaus in Schnee und Eis und kam um, still, ohne Aufsehen. Er hofft, daß er eines Tages Titus Oates gleichen kann.

Einmal im Jahr kommt der Zirkus Boswell nach Worcester. Alle in seiner Klasse gehen hin; eine Woche lang ist nur vom Zirkus die Rede und von nichts sonst. Sogar die farbigen Kinder gehen hin, auf ihre Art – sie drücken sich stundenlang draußen vor dem Zelt herum, hören der Band zu, linsen durch Ritzen.

Sie nehmen sich vor, am Samstagnachmittag zu gehen, wenn der Vater Cricket spielt. Die Mutter macht es zu einem Ausflug für sie drei. Doch an der Kasse hört sie erschrocken von den hohen Samstagnachmittags-Preisen: zwei Pfund sechs Shilling für Kinder, fünf Pfund für Erwachsene. Sie hat nicht genug Geld dabei. Sie kauft Eintrittskarten für ihn und seinen Bruder. »Geht rein, ich warte hier«, sagt sie. Er mag nicht, doch sie besteht darauf.

Drinnen im Zelt ist er unglücklich, hat an nichts Spaß; er vermutet, daß es seinem Bruder auch so geht. Als sie nach Ende der Vorstellung herauskommen, ist sie noch da. Selbst

Tage danach wird er den Gedanken daran nicht los: Wie die Mutter geduldig in der glühenden Dezemberhitze wartet, während er im Zirkuszelt sitzt und königlich unterhalten wird. Ihre blinde, überwältigende, aufopfernde Liebe für sie beide, ihn und seinen Bruder, doch für ihn besonders, beunruhigt ihn. Er wünschte, sie würde ihn nicht so lieben. Sie liebt ihn bedingungslos, daher muß er sie auch bedingungslos lieben – das ist die Logik, die sie ihm aufzwingt. Es wird ihm nie gelingen, all die Liebe, mit der sie ihn überschüttet, zurückzugeben. Der Gedanke an ein Leben, gebeugt unter der Schuldenlast von Liebe, irritiert ihn und macht ihn so wütend, daß er sie nicht küssen will, sich nicht von ihr anfassen läßt. Wenn sie sich schweigend und verletzt abwendet, verhärtet er ganz bewußt sein Herz gegen sie und weigert sich, nachzugeben.

Manchmal, wenn sie verbittert ist, führt sie lange Selbstgespräche, vergleicht ihr Leben in der trostlosen Siedlung mit dem Leben, das sie vor ihrer Ehe geführt hat und das sie als ununterbrochene Folge von Partys und Picknicks schildert, von Wochenendbesuchen auf Farmen, von Tennis und Golf und Spaziergängen mit ihren Hunden. Sie spricht mit flüsternder Stimme, bei der nur die Zischlaute hervortreten; er und sein Bruder in ihren Zimmern spitzen die Ohren, und sie muß das wissen. Das ist noch ein Grund, warum der Vater sie eine Hexe nennt – weil sie Selbstgespräche führt und Beschwörungen ausstößt.

Das idyllische Leben in West-Viktoria wird durch Fotos aus den Alben bestätigt: seine Mutter, die mit anderen Frauen in langen weißen Kleidern mit Tennisschlägern an einem Ort herumsteht, der aussieht, als befände er sich mitten im Veld, seine Mutter mit dem Arm um den Hals eines Hundes, eines Schäferhundes.

»War das dein Hund?« fragt er.

»Das ist Kim. Er war der beste, treuste Hund, den ich je gehabt habe.«

»Was ist mit ihm geschehen?«

»Er hat vergiftetes Fleisch gefressen, das die Farmer für die Schakale ausgelegt hatten. Er starb in meinen Armen.«

In ihren Augen stehen Tränen.

Nachdem sein Vater in dem Album auftaucht, gibt es keine Hunde mehr. Dafür sieht er sie beide bei Picknicks mit Freunden jener Tage oder seinen Vater mit dem flotten Schnurrbärtchen und dem kecken Blick, wie er an der Motorhaube eines altmodischen schwarzen Autos lehnt. Dann kommen die Bilder von ihm selbst, Dutzende davon, angefangen mit dem Bild eines ausdruckslosen, pausbäckigen Babys, das von einer dunklen Frau mit eindringlichem Blick der Kamera entgegengestreckt wird.

Auf allen diesen Fotos, sogar auf denen mit dem Baby, wirkt seine Mutter mädchenhaft auf ihn. Ihr Alter ist ein Geheimnis, das ihn unaufhörlich fesselt. Sie will es ihm nicht verraten, sein Vater gibt vor, es nicht zu wissen, sogar ihre Geschwister scheinen Verschwiegenheit gelobt zu haben. Während ihrer Abwesenheit durchsucht er die Papiere im untersten Fach ihrer Frisierkommode und hält Ausschau nach einer Geburtsurkunde, doch ohne Erfolg. Durch eine Bemerkung, die ihr entschlüpft ist, weiß er, daß sie älter ist als der Vater, der 1912 geboren wurde; doch wieviel älter? Er legt 1910 als ihr Geburtsjahr fest. Das heißt, sie war dreißig, als er geboren wurde, und ist jetzt vierzig. »Du bist vierzig!« sagt er ihr eines Tages triumphierend und lauert auf Zeichen, daß er recht hat. Sie lächelt geheimnisvoll. »Ich bin achtundzwanzig«, sagt sie.

Sie haben am gleichen Tag Geburtstag. An ihrem Geburtstag wurde er geboren. Das bedeutet, wie sie ihm gesagt hat, wie sie jedem sagt, daß er ein Geschenk Gottes ist.

Er nennt sie nicht Mutter oder Mama, sondern Dinny. Auch der Vater und sein Bruder nennen sie so. Woher kommt dieser Name? Keiner scheint es zu wissen; aber ihre Geschwister nennen sie Vera, deshalb kann er nicht aus der Kindheit stammen. Er muß aufpassen, damit er sie nicht vor Fremden Dinny nennt, wie er sich auch hüten muß, seine Tante und seinen Onkel einfach nur Norman und Ellen zu nennen, statt Onkel Norman und Tante Ellen. Doch wenn er wie ein gutes, gehorsames, normales Kind Onkel und Tante sagt, ist das nichts, verglichen mit den Umständlichkeiten von Afrikaans. Afrikaaner haben Angst, einen Älteren mit *du* anzureden. Er äfft die Sprache seines Vaters nach: »*Mammie moet 'n kombers oor Mammie se knieë trek anders word Mammie koud*« – Mami muß eine Decke über Mamis Knie legen, sonst wird es Mami kalt. Er ist froh, daß er kein Afrikaaner ist und nicht so reden muß wie ein ausgepeitschter Sklave.

Seine Mutter beschließt, einen Hund anzuschaffen. Schäferhunde sind die besten – die klügsten, die treusten Hunde, aber sie finden keinen Schäferhund, den sie kaufen können. Sie entscheiden sich also für einen Welpen, halb Dobermann, halb sonst was. Er besteht darauf, daß er ihm einen Namen geben kann. Er würde ihn gern Barsoi nennen, weil er ihn zum russischen Hund machen will, aber weil es kein echter Barsoi ist, nennt er ihn Kosak. Keiner versteht das. Die Leute denken, er hieße *kos-sak*, Brotbeutel, was sie komisch finden.

Kosak entpuppt sich als verstörter, undisziplinierter Hund, der sich in der Nachbarschaft herumtreibt, Gärten zerwühlt, Hühner jagt. Eines Tages läuft ihm der Hund bis zur Schule hinterher. Nichts, was er versucht, kann ihn davon abhalten: wenn er schreit und Steine wirft, läßt der Hund die Ohren hängen, kneift den Schwanz ein und schleicht sich fort; doch sobald er das Fahrrad wieder besteigt, läuft er ihm erneut hinterher. Schließlich muß er ihn am Halsband nach Hause zerren und das Fahrrad mit der anderen Hand schieben. Wütend kommt er zu Hause an und weigert sich, in die Schule zurückzukehren, weil er zu spät kommen würde.

Kosak ist noch nicht ausgewachsen, als er das zermahlene Glas frißt, das jemand für ihn ausgelegt hat. Die Mutter verordnet ihm Abführmittel und versucht, das Glas so auszuschwemmen, doch ohne Erfolg. Am dritten Tag, als der Hund nur noch still daliegt und keucht und nicht einmal mehr ihre Hand lecken will, schickt sie den Sohn in die Apotheke nach einem neuen Mittel, das ihr jemand empfohlen hat. Er rennt hin und wieder zurück, doch er kommt zu spät. Das Gesicht seiner Mutter verhärmt und verschlossen, sie nimmt ihm nicht einmal die Flasche ab.

Er hilft dabei, Kosak in eine Decke gewickelt hinten im Garten zu begraben. Über dem Grab errichtet er ein Kreuz, auf das er den Namen »Kosak« malt. Er will nicht, daß sie sich wieder einen Hund anschaffen, nicht wenn sie so sterben müssen.

Der Vater spielt Cricket für Worcester. Auch darauf könnte er sich eigentlich etwas einbilden, auch darauf könnte er stolz sein. Sein Vater ist Rechtsanwalt, was fast so gut ist wie Arzt; im Krieg war er Soldat; früher hat er in der Rugby-Liga von Kapstadt gespielt; jetzt spielt er Cricket. Aber in jedem Fall gibt es eine ärgerliche Einschränkung. Er ist Rechtsanwalt, praktiziert aber nicht mehr. Er war Soldat, aber nur Obergefreiter. Er hat Rugby gespielt, doch nur für die zweite Mannschaft von Gardens, und Gardens kann man vergessen, sie sind im Großen Pokalwettbewerb immer am Ende der Tabelle. Und jetzt spielt er Cricket, für die zweite Mannschaft von Worcester, für die sich keiner interessiert.

Sein Vater ist Werfer, nicht Schlagmann. Mit seiner Ausholbewegung stimmt etwas nicht, wodurch er keinen richtigen Schlag zustande bringt; außerdem wendet er die Augen ab, wenn der Ball mit hoher Geschwindigkeit kommt. Seine Aktivitäten als Schlagmann beschränken sich offenbar darauf, das Schlagholz nach vorn zu schlagen und, wenn der Ball daran abprallt, einen gemächlichen Lauf zu machen.

Verantwortlich dafür, daß sein Vater als Schlagmann nichts taugt, ist natürlich seine Kindheit in der Karoo, wo es kein richtiges Cricket gab und keine Gelegenheit, es zu lernen. Bowlen ist etwas anderes. Es ist eine Begabung: Werfer werden geboren, nicht gemacht.

Sein Vater bowlt langsame rechts drehende Bälle. Manchmal werden gegen ihn sechs Läufe erzielt; manchmal verliert der Schlagmann, wenn er den Ball langsam auf sich zusegeln sieht, den Kopf, holt wild aus und wird ausgeschlagen. Das scheint die Methode seines Vaters zu sein: Geduld, List.

Der Trainer für die Mannschaften von Worcester ist Johnny Wardle, der im nördlichen Sommer Cricket für England spielt. Es ist ein Glücksfall für Worcester, daß Johnny Wardle sich entschlossen hat hierherzukommen. Als Vermittler wird Wolf Heller genannt, Wolf Heller und sein Geld.

Er steht mit seinem Vater hinter dem Übungsnetz und schaut zu, wie Johnny Wardle für die erste Schlagmannschaft bowlt. Wardle, ein unauffälliger kleiner Mann mit spärlichem rotblonden Haar, soll ein langsamer Werfer sein, aber als er Anlauf nimmt und den Ball schleudert, ist er erstaunt, wie schnell der Ball ist. Der Schlagmann an der Linie erwischt den Ball ziemlich leicht und schlägt ihn vorsichtig ins Netz. Ein anderer bowlt, dann ist wieder Wardle an der Reihe. Wieder schlägt der Schlagmann den Ball behutsam fort. Der Schlagmann gewinnt nicht, doch auch der Werfer nicht.

Als der Nachmittag um ist, geht er enttäuscht nach Hause. Er hatte einen größeren Abstand zwischen dem Werfer für England und den Schlagmännern für Worcester erwartet. Er hatte erwartet, daß er Zeuge einer geheimnisvolleren Kunst werden und erleben würde, wie der Ball seltsame Dinge in der Luft und nach dem Aufsetzen tut, wie er fliegt und Rückspin und Drall bekommt, wie es bei tollen langsamen Werfern nach den Cricket-Büchern, die er liest, der Fall sein soll. Er hatte keinen geschwätzigen kleinen Mann erwartet, der sich nur dadurch hervortut, daß er Bälle mit Drall so scharf bowlt, wie er selbst es bei seinen am schärfsten gebowlten Bällen schafft.

Vom Cricket erwartet er mehr, als Johnny Wardle zu bieten hat. Cricket muß Horatius und den Etruskern gleichen, oder Hektor und Achilles. Wenn Hektor und Achilles nur zwei Männer wären, die mit Schwertern aufeinander losgingen, wäre an der Geschichte nichts Besonderes. Aber sie sind nicht bloß zwei Männer, sie sind große Helden, ihre Namen haben einen legendären Klang. Er ist froh, als Wardle zum Ende der Spielzeit aus der englischen Cricket-Mannschaft ausscheidet.

Wardle bowlt natürlich mit einem Lederball. Er kennt sich mit dem Lederball nicht aus; er und seine Freunde spielen mit einem sogenannten Korkball aus einer harten grauen Masse, der die Steine, von denen die Säume eines Lederballes zerfetzt werden, nichts anhaben können. Als er hinter dem Netz steht und Wardle zuschaut, hört er zum ersten Mal das seltsame Pfeifen eines Lederballs, der durch die Luft fliegt, auf den Schlagmann zu.

Dann bekommt er seine erste Chance, auf einem richtigen Cricketfeld zu spielen. Ein Match zwischen zwei Mannschaften der Grundschule wird für einen Mittwochnachmittag anberaumt. Richtiges Cricket bedeutet richtige Tore oder Wickets, ein richtiges Spielfeld, und man muß nicht darum kämpfen, daß man als Schlagmann drankommt.

Er ist an der Reihe. Ein Polster am linken Bein, das Schlagholz seines Vaters in der Hand, das viel zu schwer für ihn ist, geht er hinaus zur Spielfeldmitte. Er wundert sich, wie groß das Feld ist. Es ist ein großartiger und einsamer Ort – die Zuschauer sind so weit weg, daß sie ebensogut nicht vorhanden sein könnten.

Er nimmt seine Position auf dem gewalzten Streifen mit einer darübergebreiteten grünen Kokosmatte ein und erwartet den Ball. Das ist Cricket. Man bezeichnet es als Spiel, doch für ihn ist es wirklicher als sein Zuhause, wirklicher sogar als die Schule. Bei diesem Spiel gibt es keine Mogelei, keine Gnade, keine zweite Chance. Diese anderen Jungen, deren Namen er nicht kennt, sind alle gegen ihn. Sie sind sich nur einig darin, ihm den Spaß am Spiel sobald wie möglich zu nehmen. Wenn er ausgeschieden ist, werden sie nicht ein Fünkchen Bedauern spüren. In der Mitte dieser riesigen Arena muß er sich bewähren, einer gegen elf, und keiner beschützt ihn.

Die Feldspieler stellen sich auf. Er muß sich konzentrieren, doch etwas irritiert ihn und geht ihm nicht aus dem Sinn: Zenos Paradox. Ehe der Pfeil sein Ziel erreicht, muß er die Hälfte der Strecke bewältigen; ehe er die Hälfte bewältigt, muß er ein Viertel der Strecke bewältigen; ehe er ein Viertel bewältigt … Verzweifelt versucht er, nicht mehr daran zu denken; doch die bloße Tatsache, daß er nicht mehr daran zu denken versucht, regt ihn noch mehr auf.

Der Werfer nimmt Anlauf. Die letzten beiden Schritte hört er besonders deutlich. Es folgt eine Pause, in der nichts als das unheimliche Zischen des Balles zu vernehmen ist, der auf ihn zugeflogen kommt. Hat er sich dafür entschieden, als er sich fürs Cricketspiel entschieden hat: immer und immer wieder auf die Probe gestellt zu werden, bis er versagt? Auf die Probe gestellt von einem Ball, der unpersönlich, gleichgültig, erbarmungslos auf ihn zu kommt und nach der Lücke in seiner Verteidigung sucht, und das schneller, als er denkt, zu schnell, als daß er seine Verwirrung loswerden, sich konzentrieren und richtig entscheiden könnte, was zu tun sei. Und mitten in diesen Gedankengängen, mitten in dieser Kopflosigkeit ist der Ball da.

Er macht zwei Läufe, schlägt in einem Zustand der Konfusion, und später der Verzweiflung. Das Spiel entläßt ihn mit noch weniger Verständnis für die selbstverständliche Art von Johnny Wardle, zu spielen und dabei die ganze Zeit über zu schwatzen und zu scherzen. Ist das auch die Art der anderen berühmten englischen Cricketer: Len Hutton, Alec Bedser, Denis Compton, Cyril Washbrook? Er kann das nicht glauben. Das wahre Cricket kann man nur schweigend spielen, glaubt er, schweigend und erwartungsvoll, mit klopfendem Herzen und trockenem Mund.

Cricket ist kein Spiel. Es ist das Leben, wie es wirklich ist. Wenn es, wie die Bücher behaupten, eine Charakterprobe ist, dann ist es eine Probe, von der er nicht weiß, wie er sie bestehen soll, doch auch nicht, wie er sie umgehen kann. Am Wicket wird das Geheimnis, das er sonst bewahren kann, gnadenlos untersucht und aufgedeckt. »Laß sehen, woraus du gemacht bist«, sagt der Ball, als er pfeifend durch die Luft auf ihn zu fliegt. Blindlings, kopflos, schlägt er das Schlagholz nach vorn, zu früh oder zu spät. Am Schlagholz und an den Beinpolstern vorbei findet der Ball seinen Weg. Er ist ausgeschieden, er hat die Probe nicht bestanden, man hat ihn bloßgestellt, ihm bleibt nichts weiter übrig, als seine Tränen zu verstecken, sein Gesicht zu verbergen und zurückzutrotten, begleitet vom mitleidigen, einstudiert-höflichen Applaus der anderen Jungen.

Sieben

Auf seinem Fahrrad ist das Emblem der britischen Fabrik für Handfeuerwaffen, zwei gekreuzte Gewehre, und der Schriftzug »Smiths – BSA«. Mit Geld, das er zum achten Geburtstag geschenkt bekam, hat er das Fahrrad für fünf Pfund gebraucht gekauft. Es ist das zuverlässigste Ding in seinem Leben. Wenn die anderen Jungen mit ihren Raleighs angeben, kontert er mit seinem Smiths. »Smiths? Nie was von Smiths gehört«, sagen sie.

Nichts kommt an das erhebende Gefühl heran, Fahrrad zu fahren, sich über den Lenker zu beugen und um die Ecken zu flitzen. Auf seinem Smiths fährt er jeden Morgen zur Schule, die halbe Meile von Reunion Park zum Eisenbahnübergang, dann die Meile auf der stillen Landstraße an der Bahnlinie entlang. Die Sommermorgen sind am schönsten. Wasser murmelt in den Rinnen neben der Straße, Tauben gurren in den Eukalyptusbäumen; ab und zu ist ein warmer Luftstrudel zu spüren, Vorbote des Windes, der später am Tag wehen wird, feinen roten Staub vor sich hertreibend.

Im Winter muß er sich noch im Dunkeln auf den Schulweg machen. Seine Lampe sendet einen Lichtkegel aus, wenn er durch den Nebel fährt und gegen die samtige

Weichheit ankämpft, sie einatmet, sie ausatmet und nichts hört außer dem leisen Zischen seiner Reifen. An manchen Morgen ist das Metall des Lenkers so kalt, daß seine bloßen Hände daran festkleben.

Er versucht, zeitig zur Schule zu kommen. Er hat gern das Klassenzimmer für sich allein, wandert gern um die leeren Stühle herum, besteigt heimlich das Podium des Lehrers. Aber er ist nie der erste in der Schule: es gibt zwei Brüder aus De Doorns, deren Vater bei der Bahn arbeitet und die mit dem Sechsuhrzug kommen. Sie sind arm, so arm, daß sie weder Pullover noch Blazer noch Schuhe besitzen. Es gibt andere Jungen, die genauso arm sind, besonders in den Afrikaanerklassen. Selbst an eisigen Wintermorgen kommen sie zur Schule in dünnen Baumwollhemden und kurzen Sergehosen, die so eng geworden sind, daß sich ihre schlanken Schenkel kaum darin bewegen können. Ihre sonnengebräunten Beine zeigen kreideweiße Kälteflecken; sie hauchen sich in die Hände und stampfen mit den Füßen; aus ihren Nasen läuft immer der Rotz.

Einmal gibt es eine Kopfgrindepidemie, und den Brüdern aus De Doorns wird der Kopf geschoren. Auf ihren kahlen Schädeln kann er deutlich die runden grindigen Stellen sehen; seine Mutter schärft ihm ein, den Brüdern nicht nahe zu kommen.

Er mag lieber enge Shorts als weite Shorts. Die Sachen, die ihm seine Mutter kauft, sind immer zu weit. Er schaut sich gern schlanke, glatte braune Beine in engen Shorts an. Am liebsten mag er die honigbraunen Beine von blonden Jungen. Es überrascht ihn, als er feststellt, daß die hübschesten Jungen in den Afrikaanerklassen zu finden sind, wie dort auch die häßlichsten sind, die mit behaarten Beinen und Adamsapfel und Pickeln im Gesicht. Afrikaanerkinder sind wie farbige Kinder, findet er, unverdorben und leichtfertig, ungezügelt, und dann, in einem gewissen Alter, verderben sie, und ihre Schönheit stirbt in ihnen.

Schönheit und Begierde: Gefühle, die die Beine dieser Jungen, glatt und vollkommen und eigentlich nicht aufregend, in ihm erzeugen, beunruhigen ihn. Was kann man mit Beinen machen, außer sie mit den Augen zu verschlingen? *Was* begehrt man?

Die nackten Skulpturen in der *Enzyklopädie für Kinder* berühren ihn in derselben Weise: Daphne, verfolgt von Apollo; Persephone, geraubt von Hades. Es geht um die Gestalt, um die vollkommene Gestalt. Er hat eine Vorstellung vom vollkommenen menschlichen Körper. Wenn er diese Vollkommenheit in weißem Marmor verkörpert sieht, erschauert er; ein Abgrund tut sich auf; er ist nahe daran zu fallen. Von allen Geheimnissen, die ihn von den anderen trennen, ist das vielleicht das schlimmste. Unter all den Jungen ist er der einzige, in dem dieser dunkle erotische Strom fließt; mitten in der Unschuld und Normalität ist er der einzige, der Begierde fühlt.

Aber die Sprache der Afrikaanerjungen ist unglaublich schmutzig. Sie verfügen über eine Palette obszöner Wörter, mit der er bei weitem nicht konkurrieren kann und die mit *fok* und *piel* und *poes* zu tun haben, Wörtern, vor deren einsilbiger Schwere er sich schaudernd abwendet. Wie schreibt man die? Wenn er sie nicht schreiben kann, hat er keine Möglichkeit, sie im Geist zu zähmen. Wird *fok* mit *v* geschrieben, wodurch es zu einem wirklich wilden Wort würde, urzeitlich, ohne Vorfahren? Das Wörterbuch verrät nichts, die Wörter gibt es dort nicht, keins davon.

Dann gibt es *gat* und *poep-hol* und solche Wörter, die bei Schimpfkanonaden hin- und herfliegen und deren Bedeutung er nicht begreift. Warum sollte das Hinterteil mit dem Vorderteil verkuppelt werden? Was haben die *gat*-Wörter, so schwer und guttural und schwarz, mit Sex zu tun, mit seinem sanft einladenden *s* und dem geheimnisvollen End-*x*? Er verschließt sich mit Abscheu vor den Hinterteil-Wörtern, versucht aber weiter, die Bedeutung von Fickwörtern und *Parisern* herauszufinden, Dinge, die er nie gesehen hat, die aber irgendwie zum Umgang von Jungen und Mädchen auf der Oberschule gehören.

Aber er ist nicht ahnungslos. Er weiß, wie Babys geboren werden. Sie kommen aus dem Hintern der Mutter, hübsch und sauber und weiß. Das hat ihm seine Mutter vor Jahren erzählt, als er klein war. Er glaubt ihr unbesehen; es macht ihn stolz, daß sie ihm so früh die Wahrheit über Babys erzählt hat, als andere Kinder noch mit Lügen abgespeist wurden. Es ist ein Zeichen ihrer Aufgeklärtheit, der Aufgeklärtheit ihrer Familie. Sein Cousin Juan, ein Jahr jünger als er, weiß ebenfalls Bescheid. Sein Vater andererseits wird unwillig und brummt, wenn sich das Gespräch den Babys zuwendet und wo sie herkommen; aber das ist wieder einmal ein Beweis für die Rückständigkeit der Familie seines Vaters.

Seine Freunde beharren auf einer anderen Geschichte: daß Babys aus dem anderen Loch kommen.

Abstrakt weiß er von einem anderen Loch, in das der Penis gesteckt wird und aus dem der Urin kommt. Doch es macht keinen Sinn, daß das Baby aus diesem Loch kommt. Schließlich wird das Baby im Magen gebildet. Es macht also Sinn, daß das Baby aus dem Hintern kommt.

Deshalb streitet er für den Hintern, während seine Freunde für das andere Loch, die *poes*, streiten. Er ist im stillen überzeugt davon, daß er recht hat. Es gehört zu dem Vertrauensverhältnis zwischen der Mutter und ihm.

Acht

Er geht mit seiner Mutter über ein Stück Gemeindeland beim Bahnhof. Er ist bei ihr und doch für sich, er hält nicht ihre Hand. Wie immer ist er grau gekleidet: grauer Pullover, graue Shorts, graue Strümpfe. Auf dem Kopf hat er eine marineblaue Mütze mit dem Abzeichen der Knaben-Grundschule von Worcester: ein Berggipfel im Sternenkreis und die Unterschrift PER ASPERA AD ASTRA.

Er ist bloß ein Junge, der neben seiner Mutter hergeht – von außen gesehen wirkt er vielleicht ganz normal. Aber in seiner Vorstellung krabbelt er wie ein Käfer um sie herum, er krabbelt in aufgeregten Kreisen, die Nase hat er auf dem Boden, die Arme und Beine bewegen sich schnell auf und nieder. Ihm fällt wirklich nichts ein, was an ihm ruhig ist. Besonders seine Gedanken flitzen die ganze Zeit hierhin und dahin, mit einem ungeduldigen eigenen Willen.

Hier auf diesem Platz schlägt der Zirkus einmal im Jahr sein Zelt auf und stellt Käfige ab, in denen Löwen in ihrem stinkenden Stroh dösen. Doch heute ist hier nur ein roter Lehmplatz mit felshartem Boden, auf dem kein Gras wächst.

Es sind noch andere Leute unterwegs an diesem hellen, heißen Samstagmorgen. Darunter ein Junge seines Alters, der ihnen schräg über den Platz entgegenkommt. Und als er ihn erblickt, weiß er sofort, daß dieser Junge wichtig für ihn wird, maßlos wichtig, nicht um seiner selbst willen (vielleicht wird er ihn nie wiedersehen), sondern wegen der Gedanken, die ihm durch den Kopf gehen, die wie ein Bienenschwarm aus ihm hervorbrechen.

An dem Jungen ist nichts Ungewöhnliches. Er ist farbig, aber Farbige sind überall. Er trägt Hosen, so kurz, daß sie über seinem hübschen Po spannen und seine schlanken, lehmbraunen Schenkel fast nackt lassen. Schuhe hat er nicht; seine Fußsohlen sind wahrscheinlich so hart, daß er, selbst wenn er in einen *duwweltjie*-Dorn träte, nur kurz innehalten, hinunterlangen und ihn fortwischen würde.

Es gibt Hunderte von Jungen wie er, Tausende, auch Tausende von Mädchen in kurzen Röcken, die ihre schlanken Beine sehen lassen. Er hätte gern auch so schöne Beine. Mit solchen Beinen würde er über die Erde hinschweben wie dieser Junge, sie kaum berührend.

Der Junge geht in geringer Entfernung an ihnen vorbei. Er ist mit sich selbst beschäftigt, er schaut sie nicht an. Sein Körper ist vollkommen und unverdorben, als sei er erst gestern aus dem Ei geschlüpft. Solche Kinder, Jungen und Mädchen, ohne Zwang zur Schule zu gehen, denen es freisteht, weit weg von den wachsamen Augen ihrer Eltern umherzustreifen, die mit ihrem Körper anfangen können, was sie wollen – warum kommen sie nicht zusammen zu einem Fest der Sinnenfreude? Heißt die Antwort, daß sie zu unschuldig sind, um zu wissen, welche Vergnügungen es für sie gibt – daß nur finstere und schuldige Menschen solche Geheimnisse kennen?

So ist es immer mit der Fragerei. Zuerst gehen die Fragen vielleicht in diese und jene Richtung; doch am Ende kehren sie unfehlbar zurück und konzentrieren sich auf ihn. Die Gedanken werden immer von ihm in Gang gesetzt; dann geraten diese Gedanken außer Kontrolle und kehren als Anklage gegen ihn zurück. Schönheit ist Unschuld; Unschuld ist Unwissenheit; Unwissenheit ist Unwissenheit in Fragen der Lust; Lust ist schuldig; er ist schuldig. Dieser Junge mit seinem frischen, unberührten Körper ist unschuldig, während er, beherrscht von seinen dunklen Begierden, schuldig ist. Auf diesem langen Pfad hat er sich wirklich dem Wort *Perversion* genähert, diesem Wort mit seinem dunklen, komplizierten Kitzel, das mit dem rätselhaften *p* beginnt, das alles bedeuten kann, dann geschwind über das rücksichtslose *r* zum rachsüchtigen *v* weiterstolpert.

Nicht eine Anklage, sondern zwei. Die Anklagen kreuzen sich, und er ist im Zentrum des Fadenkreuzes, im Visier. Denn derjenige, der heute die Anklage gegen ihn vorbringt, ist nicht nur flink wie ein Reh und unschuldig, während er dunkel und schwer und schuldig ist – er ist auch ein Farbiger, und das bedeutet, er hat kein Geld, wohnt in einer armseligen Bruchbude, leidet Hunger; es bedeutet, daß dieser Junge, wenn die Mutter »Boy!« rufen und ihn heranwinken sollte, wozu sie durchaus in der Lage ist, sofort stehenbleiben und zu ihr kommen und tun müßte, was sie ihm möglicherweise befehlen würde (zum Beispiel ihren Einkaufskorb tragen), und am Ende ein Dreipennystück in seine hohlen Hände bekäme und dafür dankbar sein müßte. Und wenn er hinterher böse auf seine Mutter sein sollte, würde sie einfach lächeln und sagen: »Aber sie sind es nicht anders gewöhnt!«

Also ist ihm dieser Junge, der unbewußt sein ganzes Leben lang auf dem Pfad der Natürlichkeit und Unschuld geblieben ist, der arm und deshalb gut ist, wie die Armen im Märchen immer, der schlank wie ein Aal und flink wie ein Hase ist und ihn mit Leichtigkeit in jedem Wettkampf besiegen würde, in dem es um Schnelligkeit der Füße oder Geschick der Hände ginge – dieser Junge, der für ihn einen lebenden Vorwurf darstellt, ist ihm trotzdem auf eine Weise untertan, die ihn so sehr verstört, daß er sich krümmt und die Schultern hochzieht und ihn nicht länger ansehen will, trotz seiner Schönheit.

Aber man kann ihn nicht so einfach abtun. Man kann vielleicht die Schwarzen abtun, aber nicht die Farbigen. Die Schwarzen kann man wegdiskutieren, weil sie Spätankömmlinge sind, vom Norden her eingedrungen, und kein Recht haben, hierzusein. Die Schwarzen, die man in Worcester sieht, sind zum überwiegenden Teil Männer in alten Armeemänteln, krumme Pfeifen rauchend, die in winzigen zeltähnlichen Hundehütten aus Wellblech an der Bahnstrecke wohnen, Männer, deren Stärke und Geduld legendär sind. Man hat sie hergebracht, weil sie nicht trinken, wie das Farbige tun, weil sie schwere Arbeit unter einer brennenden Sonne verrichten können, wo die leichter gebauten, unberechenbareren Farbigen zusammenbrechen würden. Es sind Männer ohne Frauen, die aus dem Nichts kommen und wieder ins Nichts geschickt werden können.

Aber bei den Farbigen gibt es keine solche Lösung. Die Farbigen wurden von den Weißen gezeugt, von Jan van Riebeeck, mit den Hottentotten gezeugt – soviel ist klar, sogar in der verschleierten Sprache seines Geschichtslehrbuchs. Es ist bitter, aber es ist sogar noch schlimmer. Denn in Boland sind die Menschen, die man als Farbige bezeichnet, nicht die Ururenkel Jan van Riebeecks oder eines anderen Holländers. Er kennt sich gut genug in Physiognomie aus, und zwar schon solange er sich erinnern kann, um zu wissen, daß sie keinen Tropfen weißes Blut in den Adern haben. Es sind Hottentotten, rein und unverfälscht. Sie gehören nicht nur zum Land, das Land gehört ihnen, es ist ihr Land, ist es immer gewesen.

Neun

Einer der Vorteile von Worcester, einer der Gründe, warum man hier, wie sein Vater sagt, angenehmer wohnt als in Kapstadt, ist das viel einfachere Einkaufen. Die Milch wird immer früh vor Tagesanbruch geliefert; man muß nur zum Telefonhörer greifen, und ein oder zwei Stunden später ist dann der Mann von Schochats Laden vor der Tür mit dem gewünschten Fleisch und den Lebensmitteln. So einfach ist das.

Der Mann von Schochats Laden, der Lieferjunge, ist ein Schwarzer, der nur einige Worte Afrikaans und kein Englisch spricht. Er hat ein sauberes weißes Hemd an, eine Fliege, zweifarbige Schuhe und eine Bobby-Locke-Mütze. Er heißt Josias. Seine Eltern lehnen ihn als einen Vertreter der nichtsnutzigen neuen Generation von Schwarzen ab, die ihren ganzen Lohn für schicke Sachen ausgeben und überhaupt nicht an die Zukunft denken.

Wenn die Mutter nicht zu Hause ist, nehmen er und sein Bruder die bestellten Waren von Josias entgegen, packen die Lebensmittel in das Küchenregal und das Fleisch in den Kühlschrank. Wenn Kondensmilch dabei ist, betrachten sie die als Beute. Sie schlagen Löcher in die Dose und saugen abwechselnd daran, bis sie leer ist. Wenn die Mutter nach Hause kommt, geben sie vor, es wäre keine Kondensmilch dabei gewesen, oder Josias hätte sie gestohlen.

Er ist sich nicht sicher, ob sie ihnen die Lüge glaubt. Aber das ist ein Betrug, für den er sich nicht besonders schuldig fühlt.

Die Nachbarn auf der Ostseite heißen Wynstra. Sie haben drei Söhne, einen älteren mit X-Beinen, der Gysbert heißt, und die Zwillinge Eben und Ezer, die noch zu klein für die Schule sind. Er und sein Bruder verspotten Gysbert Wynstra wegen seines komischen Namens und wegen der lahmen, unbeholfenen Art, in der er rennt. Sie kommen zum Schluß, daß er ein Idiot ist, geistig behindert, und erklären ihm den Krieg. Eines Nachmittags nehmen sie das halbe Dutzend der von Schochats Boy gelieferten Eier, schleudern sie auf das Hausdach der Wynstras und verstecken sich. Die Wynstras kommen nicht heraus, aber als die Sonne die zerschmetterten Eier trocknet, werden häßliche gelbe Flecken daraus.

Das Vergnügen, ein Ei zu werfen, das so viel kleiner und leichter als ein Cricketball ist, es durch die Luft fliegen und sich überschlagen zu sehen, den weichen Aufprall zu hören, bleibt ihm noch lange gegenwärtig. Dieses Vergnügen mischt sich jedoch mit Schuldgefühlen. Er kann nicht vergessen, daß es Nahrungsmittel sind, mit denen sie spielen. Mit welchem Recht benutzt er Eier als Spielzeug? Was würde Schochats Boy sagen, wenn er merken würde, daß sie die Eier, die er den ganzen Weg aus der Stadt auf seinem Fahrrad hergebracht hatte, wegwerfen? Ihm schwant, daß Schochats Boy, der in Wirklichkeit überhaupt kein Boy, sondern ein erwachsener Mann ist, nicht so ausschließlich von seinem Äußeren samt Bobby-Locke-Mütze und Fliege in Anspruch genommen ist, daß es ihm nichts ausmachen würde. Ihm schwant, daß er es außerordentlich mißbilligen und auch nicht zögern würde, das zu sagen. »Wie könnt ihr das tun, wenn andere Kinder Hunger haben?« würde er in seinem mangelhaften Afrikaans sagen; und darauf gäbe es keine Antwort. Vielleicht kann man anderswo auf der Erde mit Eiern werfen (er weiß zum Beispiel, daß sie in England Leute im Stock mit Eiern bewerfen); aber in diesem Land gibt es Richter, die nach den Maßstäben der Rechtschaffenheit richten werden. In diesem Land darf man nicht achtlos mit Nahrungsmitteln umgehen.

Josias ist der vierte Schwarze, den er in seinem Leben kennengelernt hat. Der erste, der in seiner vagen Erinnerung den ganzen Tag mit einem blauen Schlafanzug herumlief, war der Junge, der immer die Treppen in dem Häuserblock wischte, wo sie in Johannesburg wohnten. Die zweite war Fiela in Plettenberg Bay, die ihre Wäsche wusch. Fiela war sehr schwarz und sehr alt und zahnlos und hielt in schönem, rollenden Englisch lange Reden über die Vergangenheit. Sie stammte aus St. Helena, sagte sie, wo sie Sklavin gewesen sei. Dem dritten Schwarzen begegnete er auch in Plettenberg Bay. Es hatte einen großen Sturm gegeben; ein Schiff war untergegangen; der Wind, der Tage und Nächte lang geweht hatte, fing gerade an, abzuflauen. Er war mit der Mutter und dem Bruder am Strand, um sich die Haufen von Strandgut und Tang anzusehen, die angespült worden waren, als ein alter Mann mit grauem Bart und Priesterkragen, einen Schirm in der Hand, auf sie zukam und sie ansprach. »Der Mensch baut große Schiffe aus Eisen«, sagte der alte Mann, »aber das Meer ist stärker. Das Meer ist stärker als alles von Menschenhand Geschaffene.«

Als sie wieder allein waren, sagte die Mutter: »Vergeßt nicht, was er gesagt hat. Das war ein weiser Alter.« Soweit er sich erinnern kann, war es das einzige Mal, daß sie das Wort *weise* benutzte; tatsächlich ist es das einzige Mal, soweit er sich erinnern kann, daß irgend jemand – außer in Büchern – das Wort benutzt hat. Aber es ist nicht nur das altmodische Wort, das ihn beeindruckt. Es ist möglich, Schwarze zu achten – das sagt sie damit. Das zu hören, es bestätigt zu bekommen, ist eine große Erleichterung.

In den Geschichten, die den tiefsten Eindruck auf ihn gemacht haben, ist es der dritte Bruder, der bescheidenste und verachtetste, welcher der alten Frau hilft, ihre schwere Bürde zu tragen, oder welcher den Dorn aus der Pfote des Löwen zieht, nachdem der erste und der zweite Bruder verächtlich vorbeigegangen sind. Der dritte Bruder ist freundlich und ehrlich und mutig, während der erste und der zweite Bruder prahlerisch, hochmütig, lieblos sind. Zum Schluß der Geschichte wird der dritte Bruder gekrönt, während der erste und der zweite Bruder gedemütigt und fortgejagt werden.

Es gibt Weiße und Farbige und Schwarze, und die Schwarzen sind davon die Niedrigsten und Verachtetsten. Die Parallele ist zwingend: die Schwarzen sind der dritte Bruder.

In der Schule lernen sie, immer wieder, Jahr für Jahr, von Jan van Riebeeck und Simon van der Stel und Lord Charles Somerset und Piet Retief. Nach Piet Retief kommen die Kaffernkriege, als die Kaffern über die Grenzen der Kolonie strömten und zurückgeschlagen werden mußten; aber es gibt so viele Kaffernkriege, und sie sind so verwickelt und schwer auseinanderzuhalten, daß sie nicht Prüfungsstoff sind.

Obwohl er bei Prüfungen die Geschichtsfragen richtig beantwortet, weiß er im Grunde seines Herzens nicht, warum Jan van Riebeeck und Simon van der Stel so gut waren, während Lord Charles Somerset so böse war. Ihm gefallen auch nicht die Anführer des Großen Trecks, wie es von ihm erwartet wird, ausgenommen vielleicht Piet Retief, der ermordet wurde, nachdem ihn Dingaan mit List dazu gebracht hatte, sein Gewehr nicht mit in den Kraal zu nehmen. Andries Pretorius und Gerrit Maritz und die anderen hören sich geradeso an wie die Lehrer in der Oberschule oder wie Afrikaaner im Radio: zornig, unerbittlich und voller Drohungen und Gerede über Gott.

Den Burenkrieg behandeln sie nicht in der Schule, jedenfalls nicht in den Englischklassen. Es wird gemunkelt, daß man den Burenkrieg in den Afrikaansklassen bespricht, unter der Bezeichnung *Tweede Vryheidsoorlog*, der Zweite Befreiungskrieg, aber nicht als Prüfungsstoff. Da der Burenkrieg ein heikles Thema ist, steht er nicht offiziell auf dem Lehrplan. Sogar seine Eltern wollen nichts über den Burenkrieg sagen, darüber, wer recht hatte und wer unrecht. Seine Mutter wiederholt jedoch eine Geschichte vom Burenkrieg, die ihr die eigene Mutter erzählt hat. Als die Buren auf ihrer Farm eintrafen, verlangten sie Verpflegung und Geld und erwarteten, daß man sie bediente. Als die Briten kamen, schliefen sie im Stall, stahlen nichts, und ehe sie aufbrachen, bedankten sie sich höflich bei ihren Gastgebern.

Die Briten mit ihren hochmütigen, arroganten Generälen sind die Schurken des Burenkriegs. Sie sind außerdem blöd, weil sie rote Uniformen tragen und so zu leichten Zielen für die Scharfschützen der Buren werden. Es wird erwartet, daß man sich bei Geschichten über den Burenkrieg auf die Seite der Buren schlägt, die gegen die Macht des britischen Empire für ihre Freiheit kämpfen. Er jedoch zieht es vor, die Buren nicht zu mögen, nicht nur wegen ihrer langen Bärte und häßlichen Sachen, sondern auch weil sie sich hinter Felsen versteckten und aus dem Hinterhalt schossen, und die Briten zu mögen, weil sie zu Dudelsackklängen in den Tod marschierten.

In Worcester sind die Engländer eine Minderheit, in Reunion Park eine verschwindende Minderheit. Außer ihm und seinem Bruder, die nur auf gewisse Weise englisch sind, gibt es nur zwei englische Jungen: Rob Hart und einen kleinen, drahtigen Jungen namens Billy Smith, dessen Vater bei der Bahn arbeitet und der eine Krankheit hat, bei der sich die Haut schuppt (die Mutter verbietet ihm, eins der Smith-Kinder anzufassen).

Als er ausplaudert, daß Rob Hart von Miss Oosthuizen verprügelt wird, wissen seine Eltern offenbar sofort, warum. Miss Oosthuizen gehört zur Sippe der Oosthuizens, die Nationalisten sind; Rob Harts Vater, Inhaber eines Haushaltswarengeschäfts, ist bis zur Wahl von 1948 Stadtrat der Einheitspartei gewesen.

Die Eltern schütteln den Kopf über Miss Oosthuizen. Sie schätzen sie als erregbar, labil ein; sie mißbilligen ihr rot gefärbtes Haar. Unter Smuts, so sein Vater, hätte man etwas dagegen unternommen, wenn ein Lehrer Politik in die Schule hineingetragen hätte. Sein Vater gehört auch der Einheitspartei an. Sein Vater hat sogar seinen Posten in Kapstadt verloren, als Malan 1948 über Smuts siegte, seinen Posten, auf dessen Titel – Chef der Mietrechtsstelle – die Mutter so stolz war. Wegen Malan mußten sie aus ihrem Haus in Rosebank, nach dem er sich so zurücksehnt, dem Haus mit dem großen, verwilderten Garten und dem Observatorium mit dem Kuppeldach und den zwei Kellern, mußte er die Rosebank-Grundschule und die Freunde in Rosebank verlassen und hierher nach Worcester ziehen. In Kapstadt machte sich sein Vater morgens in einem schicken Zweireiher, mit einem ledernen Diplomatenkoffer in der Hand, auf den Weg zur Arbeit. Wenn die anderen Kinder nach dem Beruf seines Vaters fragten, konnte er sagen: »Er ist Chef der Mietrechtsstelle«, und sie verstummten respektvoll. In Worcester hat die Arbeit seines Vaters keine Bezeichnung. »Mein Vater arbeitet bei *Standard Canners*« muß er sagen. »Aber was macht er da?« »Er ist im Büro, er führt die Bücher«, muß er lahm sagen. Er hat keine Ahnung, was ›Buchführung‹ bedeutet.

Standard Canners produziert Konserven von Alberta-Pfirsichen, Bartlett-Birnen und Aprikosen. *Standard Canners* produziert mehr Pfirsich-Konserven als jede andere Konservenfabrik im Land – nur dafür sind sie berühmt.

Trotz der Niederlage von 1948 und des Todes von General Smuts bleibt der Vater der Einheitspartei treu – treu, aber pessimistisch. Rechtsanwalt Strauss, der neue Führer der Einheitspartei, ist nur ein blasser Schatten von Smuts; unter Strauss hat die Einheitspartei keinerlei Hoffnung auf einen Wahlsieg. Hinzu kommt, daß die Nationale Partei dabei ist, sich den Sieg zu sichern, indem sie die Grenzen der Wahlbezirke zugunsten ihrer Anhänger im *platteland*, auf dem Land, neu festlegt.

»Warum tut man nichts dagegen?« fragt er den Vater.

»Wer?« fragt der Vater. »Wer kann sie aufhalten? Sie können machen, was sie wollen, jetzt wo sie an der Macht sind.«

Er sieht den Sinn von Wahlen nicht ein, wenn die Siegerpartei die Regeln ändern kann. Es ist, als wenn der Schlagmann bestimmt, wer werfen darf und wer nicht.

Sein Vater schaltet das Radio zur Nachrichtenzeit ein, aber eigentlich nur, um sich den Spielstand anzuhören, im Sommer die Cricketergebnisse, im Winter die Rugbyergebnisse.

Früher einmal, ehe die Nationale Partei die Regierungsgeschäfte übernahm, kamen die Nachrichtensendungen aus England. Zuerst hörte man »God Save the King«, dann das

Zeitzeichen aus Greenwich, danach sagte der Sprecher: »Hier ist London mit den Nachrichten« und verlas Nachrichten aus aller Welt. Das ist nun alles vorbei. »Hier ist der südafrikanische Rundfunk«, sagt der Sprecher und beginnt eilig mit einem langen Bericht, was Dr. Malan im Parlament gesagt hat.

Was ihm am meisten zuwider ist an Worcester, weswegen er am liebsten fliehen möchte, sind die Wut und der Groll, die in den Afrikaanerjungen knistern. Er fürchtet und verabscheut die grobschlächtigen, barfüßigen Afrikaanerjungen in ihren engen Shorts, besonders die älteren, die dich, wenn sie nur die geringste Gelegenheit bekommen, an einen abgelegenen Ort im Veld bringen und dich auf verschiedene Art und Weise mißhandeln, worauf er höhnisch hat anspielen hören – *borsel*, heißt das zum Beispiel, was, soweit er ausmachen kann, bedeutet, daß sie dir die Hosen runterziehen und Schuhcreme auf die Eier bürsten (aber warum die Eier? Warum Schuhcreme?) und dich so, halbnackt und heulend, durch die Straßen nach Hause schicken.

Es gibt eine Überlieferung, die offenbar allen Afrikaanerjungen vertraut ist und von Lehrerstudenten, die zu Gast an der Schule sind, verbreitet wird, und bei dieser Überlieferung geht es um eine Aufnahmezeremonie und die damit verbundenen Gebräuche. Die Afrikaanerjungen tuscheln darüber in der gleichen erregten Art, in der sie von den Prügeln sprechen, die sie beziehen. Was er davon mitbekommt, stößt ihn ab: Zum Beispiel muß man mit einer Babywindel herumlaufen oder Urin trinken. Wenn man das durchmachen muß, ehe man Lehrer werden kann, dann will er nicht Lehrer werden.

Es gibt Gerüchte, die Regierung werde anordnen, daß alle Schüler mit Afrikaans-Familiennamen in Afrikaanerklassen versetzt werden sollen. Die Eltern sprechen mit gedämpfter Stimme darüber; sie machen sich offensichtlich Sorgen. Was ihn betrifft, so erfüllt ihn der Gedanke, in eine Afrikaanerklasse wechseln zu müssen, mit panischer Angst. Den Eltern sagt er, daß er nicht gehorchen wird. Er wird nicht mehr zur Schule gehen. Sie versuchen ihn zu beruhigen. »Nichts wird geschehen«, sagen sie. »Es ist nur Gerede. Es wird Jahre dauern, ehe sie etwas unternehmen.« Er ist nicht beruhigt.

Es ist Aufgabe der Schulräte, erfährt er, falsche englische Jungen aus den englischen Klassen zu entfernen. Er lebt in entsetzlicher Angst vor dem Tag, an dem der Schulrat kommt, mit dem Finger die Liste der Schüler hinunterfährt, ihn aufruft und ihm befiehlt, seine Bücher zusammenzupacken. Für diesen Tag hat er einen sorgfältig ausgearbeiteten Plan. Er wird die Bücher zusammenpacken und das Zimmer ohne Protest verlassen. Doch er wird nicht in die Afrikaanerklasse wechseln. Statt dessen wird er ganz ruhig, um kein Aufsehen zu erregen, zum Fahrradschuppen hinübergehen, sein Fahrrad nehmen und so schnell nach Hause fahren, daß keiner ihn einholen kann. Dann wird er die Haustür zuschließen und seiner Mutter sagen, daß er nicht wieder in die Schule geht, daß er sich umbringen wird, wenn sie ihn verrät.

Ein Bild von Dr. Malan ist in sein Gedächtnis gegraben. Dr. Malans rundes, kahles Gesicht ist ohne Verständnis und Gnade. Seine Kehle pulsiert wie die eines Frosches. Er hat aufgeworfene Lippen.

Er hat Dr. Malans erste Amtshandlung im Jahre 1948 nicht vergessen: das Verbot aller Captain-Marvel- und Superman-Comics; durch den Zoll wurden nur Comics mit Tierfiguren gelassen, Comics, die einen auf Kleinkindniveau halten sollen.

Er denkt an die Afrikaans-Lieder, die sie in der Schule singen müssen. Die haßt er inzwischen so, daß er während des Gesangs kreischen und schreien und furzen möchte, besonders bei »*Kom ons gaan blomme pluk*«, dem Lied mit den Kindern, die auf den Wiesen inmitten von zwitschernden Vögeln und lustigen Insekten herumtollen.

An einem Samstagmorgen radelt er mit zwei Freunden auf der De-Doorns-Landstraße aus Worcester hinaus. Nach einer halben Stunde sehen sie keine menschliche Behausung mehr. Sie lassen ihre Räder am Wegrand zurück und machen sich auf den Weg in die Berge. Sie finden eine Höhle, machen ein Feuer und essen die Sandwiches, die sie mitgebracht haben. Plötzlich taucht ein Riesenbursche von einem groben Afrikaaner in Khakishorts auf. »*Wie het julle toestemming gegee?*« – Wer hat euch das erlaubt?

Ihnen hat es die Sprache verschlagen. Eine Höhle – brauchen sie eine Erlaubnis, um in einer Höhle zu sein? Sie versuchen zu lügen, aber es ist zwecklos.

»*Julle sal hier moet bly totdat my pa kom*«, verkündet der Bursche: Ihr müßt hierbleiben, bis mein Vater kommt. Er erwähnt ein *lat*, ein *strop*: einen Stock, einen Riemen; man wird ihnen eine Lehre erteilen.

Er ist benommen vor Angst. Hier draußen im Veld, wo niemand sie hört, werden sie Prügel beziehen. Sie können nichts zu ihrer Entschuldigung vorbringen. Denn es stimmt, sie sind schuld, er am meisten. Er war es, der den anderen versichert hat, als sie durch den Zaun geklettert sind, es könne keine Farm sei, hier sei nur das Veld. Er ist der Anführer, es war von Anfang an seine Idee, es gibt niemanden, dem man die Schuld in die Schuhe schieben könnte.

Der Farmer kommt mit seinem Hund, einem Schäferhund mit tückischem Blick in den gelben Augen. Wieder die Fragen, diesmal in Englisch, Fragen ohne Antworten. Mit welchem Recht sie hier seien? Warum sie nicht um Erlaubnis gefragt hätten? Wieder muß die armselige, dumme Verteidigung abgespult werden: sie hätten es nicht gewußt, sie hätten geglaubt, hier sei bloß das Veld. Er schwört bei sich, daß er diesen Fehler nie wieder machen wird. Nie wieder wird er so dumm sein und durch einen Zaun klettern und glauben, er käme damit davon. *Dumm*! denkt er bei sich; *dumm, dumm, dumm*!

Der Farmer scheint weder *lat* noch Riemen oder Peitsche dabei zu haben. »Ihr habt Glück«, sagt er. Sie stehen da wie angewurzelt, verstehen nicht. »Trollt euch.«

Dumm klettern sie den Abhang hinunter und bemühen sich, nicht zu rennen, aus Angst, daß der Hund ihnen kläffend und geifernd hinterherläuft, bis dahin, wo am Straßenrand ihre Räder auf sie warten. Es gibt nichts, was sie sich zu sagen hätten, um dieses Erlebnis vergessen zu machen. Die Afrikaaner haben sich nicht einmal schlecht benommen. Sie selbst sind es, die den kürzeren gezogen haben.

Zehn

Früh am Morgen trotten farbige Kinder mit Federmappe und Heften die Nationalstraße entlang, manche haben sogar Ranzen auf dem Rücken, sie sind auf dem Weg zur Schule. Doch sie sind jung, sehr jung – wenn sie sein Alter erreicht haben, zehn oder elf, haben sie die Schule hinter sich und verdienen draußen in der Welt ihr tägliches Brot.

Zum Geburtstag bekommt er, als Ersatz für eine Feier, zehn Shilling, damit er seine Freunde einladen kann. Er lädt seine drei besten Freunde ins Café Globe ein; sie sitzen am Marmortisch und bestellen Bananensplits oder Schokoladen-Karamel-Eisbecher. Er kommt sich vor wie ein kleiner König, weil er in dieser Art Freuden spenden kann; das Ereignis wäre ein toller Erfolg, würde es nicht verdorben durch die zerlumpten farbigen Kinder, die draußen vor dem Fenster stehen und zu ihnen hereinschauen.

In den Gesichtern dieser Kinder erblickt er nichts von dem Haß, den er und seine Freunde verdienen, wie er zuzugeben bereit ist, weil sie so viel Geld haben, während sie keinen Penny haben. Im Gegenteil, sie gleichen Kindern im Zirkus, die alles mit den Blicken verschlingen, völlig versunken sind, nichts vermissen.

Wenn er ein anderer wäre, würde er den Portugiesen mit dem pomadigen Haar, dem das Globe gehört, auffordern, sie wegzujagen. Es ist ganz normal, bettelnde Kinder wegzujagen. Man braucht bloß ein verdrießliches Gesicht zu ziehen, mit den Armen zu wedeln und zu schreien: »*Voetsek, hotnot! Loop! Loop!*«, um sich dann an den jeweiligen Zuschauer, Freund oder Fremden, zu wenden und zu erklären: »*Hulle soek net iets om te steel. Hulle is almal skelms.*« – Sie sind nur drauf aus, was zu stehlen. Die sind alle Diebe. Doch wenn er aufstünde und zu dem Portugiesen ginge, was sollte er sagen? »Sie verderben mir den Geburtstag, das ist ungerecht, es tut mir weh, sie zu sehen«? Was dann auch geschieht, ob sie nun weggejagt werden oder nicht, es ist zu spät, sein Herz tut schon weh.

Er glaubt, daß die Afrikaaner ständig zornige Menschen sind, weil ihnen das Herz weh tut. Er glaubt, daß die Engländer Menschen sind, die nicht zum Zorn neigen, weil sie hinter Mauern leben und ihr Herz gut bewachen.

Das ist nur eine von seinen Theorien über die Engländer und die Afrikaaner. Das Haar in der Suppe ist leider Trevelyan.

Trevelyan war einer ihrer Untermieter im Haus in der Liesbeeck Road, Rosebank, dem Haus mit der großen Eiche im Vorgarten, wo er glücklich gewesen ist. Trevelyan hatte das beste Zimmer, das mit der Verandatür. Er war jung, er war hochgewachsen, er war freundlich, er sprach kein Wort Afrikaans, er war durch und durch Engländer. Am Morgen frühstückte Trevelyan in der Küche, ehe er zur Arbeit ging; am Abend kam er heim und aß mit ihnen. Er hielt sein Zimmer, das sowieso nicht zu ihrem Bereich gehörte, verschlossen; aber es gab darin außer einem elektrischen Rasierapparat *made in America* nichts Interessantes.

Sein Vater wurde, obwohl älter, Trevelyans Freund. Samstags hörten sie gemeinsam Radio, die Reportagen der Rugbyspiele aus Newlands von C. K. Friedlander.

Dann kam Eddie. Eddie war ein siebenjähriger farbiger Junge aus Ida's Valley bei Stellenbosch. Er sollte für sie arbeiten; das war zwischen Eddies Mutter und Tante Winnie, die in Stellenbosch lebte, abgemacht worden. Eddie würde das Geschirr spülen, kehren und bohnern und dafür bei ihnen in Rosebank wohnen und zu essen bekommen, während seine Mutter an jedem Monatsersten eine Postanweisung über zwei Pfund und zehn Shilling bekam.

Nachdem Eddie zwei Monate in Rosebank gewohnt und gearbeitet hatte, lief er fort. Er verschwand während der Nacht; sein Fehlen wurde am Morgen bemerkt. Man benachrichtigte die Polizei; Eddie wurde nicht weit weg gefunden, in seinem Versteck im Gebüsch am Liesbeeck-Fluß. Nicht die Polizei entdeckte ihn, sondern Mr. Trevelyan, der den schamlos Schreienden und Strampelnden zurückschleifte und ihn im alten Observatorium hinten im Garten einsperrte.

Es war klar, daß man Eddie zurück nach Ida's Valley schicken mußte. Da er jetzt seine Unzufriedenheit offen gezeigt hatte, würde er bei jeder Gelegenheit fortlaufen. Es war nicht gelungen, ihn anzulernen.

Doch ehe man noch Tante Winnie in Stellenbosch anrufen konnte, stand die Frage der Strafe für den Ärger, den Eddie verursacht hatte, zur Debatte – Strafe dafür, daß man die Polizei benachrichtigen mußte, für den verdorbenen Samstagmorgen. Trevelyan bot dann an, die Strafe auszuführen.

Er spähte während der Bestrafung heimlich ins Observatorium. Trevelyan hielt Eddie an beiden Handgelenken gepackt und peitschte mit einem Lederriemen auf seine bloßen

Beine ein. Der Vater war auch dabei, stand daneben und sah zu. Eddie heulte und tanzte; überall waren Tränen und Rotz. »*Asseblief, asseblief, my baas*«, heulte er, »*ek sal nie weer nie!*« – Ich werde es nicht wieder tun! Dann bemerkten die beiden ihn und bedeuteten ihm, er solle verschwinden.

Am nächsten Tag kamen Tante und Onkel in ihrem schwarzen DKW aus Stellenbosch angefahren, um Eddie wieder zu seiner Mutter nach Ida's Valley zu bringen. Es gab keinen Abschied.

Also war Trevelyan, der Engländer, derjenige, der Eddie verprügelte. Tatsächlich wurde Trevelyan, der eine rötliche Gesichtsfarbe hatte und schon ein wenig fett war, noch röter, als er mit dem Riemen zuschlug, und schnaubte bei jedem Hieb, wobei er sich in Wut arbeitete, wie jeder beliebige Afrikaaner. Wie paßte also Trevelyan in seine Theorie von den guten Engländern?

Er schuldet Eddie noch etwas, wovon er niemandem erzählt hat. Nachdem er das Fahrrad Marke Smiths von dem Geld gekauft hatte, das er zum achten Geburtstag bekommen hatte, und dann merkte, daß er gar nicht fahren konnte, war es Eddie, der ihn auf dem Gemeindeplatz von Rosebank schob und Kommandos brüllte, bis er auf einmal die Kunst des Balancierens beherrschte.

Er fuhr dieses erste Mal einen großen Bogen, trat kräftig in die Pedale, um durch den sandigen Boden wieder dahin zu kommen, wo Eddie wartete. Eddie war aufgeregt und hüpfte herum. »*Kan ek 'n kans kry?*« verlangte er lautstark – Darf ich auch mal? Er gab Eddie das Rad. Eddie brauchte nicht geschoben zu werden; er fuhr schnell wie der Wind davon, auf den Pedalen stehend, sein alter marineblauer Blazer wehte hinter ihm her, und er fuhr viel besser als er.

Er weiß noch, daß er mit Eddie Ringkämpfe auf dem Rasen ausgefochten hat. Obwohl Eddie nur sieben Monate älter als er und nicht größer war, besaß er eine drahtige Stärke und eine Zielstrebigkeit, die ihn immer Sieger werden ließen. Sieger, aber vorsichtig im Sieg. Nur einen Moment lang, wenn er seinen Gegner auf dem Rücken liegend festhielt, hilflos, gestattete sich Eddie ein triumphierendes Grinsen; dann rollte er herunter und wartete in Kauerstellung, bereit zur nächsten Runde.

Eddies Körpergeruch hat er noch von jenen Ringkämpfen in der Nase, und er spürt noch seinen Kopf, den hohen, kugelrunden Schädel und das dichte, rauhe Haar.

Sie haben härtere Schädel als die Weißen, sagt der Vater. Deshalb sind sie so gute Boxer. Aus demselben Grund, sagt der Vater, werden sie nie gute Rugbyspieler sein. Beim Rugby muß man schnell denken, darf kein Holzkopf sein.

Während sie beide miteinander ringen, gibt es einen Moment, in dem seine Lippen und Nase gegen Eddies Haar gepreßt werden. Er nimmt den Geruch, den Geschmack wahr – den rauchigen Geruch und Geschmack.

An jedem Wochenende mußte sich Eddie baden, in einem Zuber in der Dienstbotentoilette stehen und sich mit einem Seifenlappen waschen. Er zerrte mit seinem Bruder eine Mülltonne unter das winzige Fenster und kletterte darauf, um hineinzulugen. Eddie war nackt bis auf seinen Ledergürtel, den er noch um die Taille trug. Als er die beiden Gesichter am Fenster sah, grinste er breit und schrie »*Hê!*« und tanzte im Zuber herum, Wasser verspritzend und sich nicht bedeckend.

Später sagte er dann der Mutter: »Eddie hat beim Baden den Gürtel nicht abgenommen.«

»Laß ihn machen, was er will«, sagte seine Mutter.

In Ida's Valley, wo Eddie herkam, ist er nie gewesen. Er

stellt es sich als kalten, nassen Ort vor. Im Haus von Eddies Mutter gibt es kein elektrisches Licht. Das Dach ist undicht, alle husten andauernd. Wenn man rausgeht, muß man von Stein zu Stein hüpfen, um nicht in Pfützen zu treten. Worauf kann Eddie jetzt noch hoffen, wo er wieder in Ida's Valley ist, in Schande entlassen?

»Was wird Eddie wohl jetzt machen?« fragt er seine Mutter.

»Bestimmt ist er in einer Besserungsanstalt.«

»Wieso?«

»Solche Leute enden immer in einer Besserungsanstalt, und dann im Gefängnis.«

Er versteht ihre Verbitterung Eddie gegenüber nicht. Er begreift diese bitteren Stimmungen von ihr nicht, wenn sie fast wahllos über alles mögliche herzieht – über Farbige, ihre eigenen Geschwister, über Bücher, die Schule, die Regierung. Es interessiert ihn nicht wirklich, was sie von Eddie hält, solange sie nicht jeden Tag eine andere Meinung hat. Wenn sie sich so abfällig äußert, hat er ein Gefühl, als gebe der Boden unter seinen Füßen nach und er falle.

Er denkt an Eddie in seinem alten Blazer, wie er sich duckt, um dem Regen zu entgehen, der immer fällt in Ida's Valley, und dabei mit den älteren farbigen Jungen Kippen raucht. Er ist zehn, und Eddie, in Ida's Valley, ist zehn. Ein Weilchen wird Eddie elf sein, während er noch zehn ist; dann wird er auch elf sein. Er wird immer aufholen, eine Weile gleichaltrig mit Eddie sein, dann von ihm überholt werden. Wie lang wird das so gehen? Wird er Eddie je entkommen? Wenn sie sich eines Tages auf der Straße begegneten, würde dann Eddie, obwohl er inzwischen säuft und kifft, obwohl er im Gefängnis war und hart geworden ist, ihn erkennen, stehenbleiben und rufen: »*Jou moer!*«?

In diesem Augenblick weiß er, daß Eddie in dem undichten Haus in Ida's Valley, zusammengerollt unter einer stinkenden Decke, immer noch in seinem Blazer, an ihn denkt. Im Dunkeln sind Eddies Augen zwei gelbe Schlitze. Eins weiß er sicher: Eddie wird kein Mitleid mit ihm haben.

Elf

Über den Kreis der Verwandtschaft hinaus haben sie wenig gesellschaftliche Kontakte. Wenn gelegentlich Fremde ins Haus kommen, huschen er und sein Bruder davon wie wilde Tiere, dann schleichen sie zurück, um hinter Türen zu lauern und zu lauschen. Sie haben auch Gucklöcher in die Decke gebohrt, so daß sie auf den Dachboden klettern und von oben ins Wohnzimmer spähen können. Ihrer Mutter ist das Geraschel peinlich. »Das sind nur die Kinder, die spielen«, erklärt sie mit einem gequälten Lächeln.

Er flieht vor höflichen Gesprächen, weil ihn die Floskeln – »Wie geht's?« »Macht dir die Schule Spaß?« – verlegen machen. Da er nicht so recht weiß, was er darauf antworten soll, nuschelt und stottert er töricht herum. Doch letzten Endes schämt er sich seines ungehobelten Benehmens nicht, seiner Ungeduld mit dem langatmigen Geschwafel der artigen Unterhaltung.

»Kannst du dich nicht einfach normal benehmen?« fragt seine Mutter.

»Ich hasse normale Leute«, antwortet er leidenschaftlich.

»Ich hasse normale Leute«, plappert ihm der Bruder nach. Der Bruder ist sieben. Er lächelt permanent verkrampft und nervös; in der Schule übergibt er sich manchmal aus keinem ersichtlichen Grund und muß nach Hause gebracht werden.

An Stelle von Freunden haben sie Familie. Die Verwandten mütterlicherseits sind die einzigen Menschen, die ihn mehr oder weniger so akzeptieren, wie er ist. Sie akzeptieren ihn – grob, ungeschliffen, seltsam – nicht nur, weil sie sonst nicht zu Besuch kommen könnten, sondern weil auch sie ungehobelt und grob erzogen worden sind. Die Verwandten väterlicherseits sind jedoch nicht einverstanden mit ihm und seiner Erziehung durch die Mutter. In ihrer Gegenwart fühlt er sich gehemmt; sobald er entwischen kann, verspottet er die höflichen Floskeln (»*En hoe gaan dit met jou mammie? En met jou broer? Dis goed, dis goed!*« Wie geht's der Mama? Dem Bruder? Gut!). Aber man kann dem nicht entgehen – kein Besuch auf der Farm, ohne an ihren Ritualen teilzunehmen. Deshalb gibt er nach und windet sich vor Verlegenheit, verachtet sich wegen seiner Feigheit. »*Dit gaan goed*«, sagt er. »*Dit gaan goed met ons almal.*« Uns geht's allen gut.

Er weiß, daß sein Vater sich mit seiner Familie gegen ihn verbündet. Das ist eine der Methoden des Vaters, es der Mutter heimzuzahlen. Der Gedanke, welches Leben er führen müßte, wenn der Vater dem Haushalt vorstünde, läßt ihn frösteln – ein Leben voll langweiliger, dummer Floskeln, nicht zu unterscheiden von dem aller anderen. Seine Mutter ist die einzige, die zwischen ihm und einer für ihn unerträglichen Lebensweise steht. Deshalb ärgert er sich zwar über sie wegen ihrer Langsamkeit und Beschränktheit, doch gleichzeitig klammert er sich an sie als seine einzige Beschützerin. Er ist ihr Sohn, nicht der Sohn seines Vaters. Er lehnt den Vater ab und verabscheut ihn. Nie wird er den Tag vor zwei Jahren vergessen, als die Mutter zum ersten und einzigen Mal den Vater auf ihn losließ, wie einen Hund von der Kette (»ich habe genug, ich halte es nicht mehr aus!«), und die Augen des Vaters ihn zornig blau anstarrten, als er ihn schüttelte und ihm eins hinter die Ohren gab.

Er muß zur Farm, weil es keinen Ort auf der Welt gibt, den er mehr liebt oder den er sich vorstellen kann, mehr zu lieben. Alles was an seiner Liebe zur Mutter kompliziert ist, bei seiner Liebe zur Farm ist es unkompliziert. Doch soweit er zurückdenken kann, mischte sich in diese Liebe eine Spur Schmerz. Er darf die Farm besuchen, aber er wird nie dort leben. Die Farm ist nicht sein Zuhause; er wird nie mehr als ein Gast sein, ein unsicherer Gast. Schon jetzt bewegen sich die Farm und er, Tag für Tag, in unterschiedliche Richtungen, streben auseinander, kommen sich nicht näher, sondern entfernen sich voneinander. Eines Tages wird die Farm ganz verschwunden sein, ganz verloren; er trauert jetzt schon um den Verlust.

Die Farm gehörte einmal seinem Großvater, aber der Großvater starb und vermachte sie Onkel Son, dem ältesten Bruder des Vaters. Son hatte als einziger eine Neigung zur Landwirtschaft; die übrigen Geschwister flüchteten nur zu gern in die Städte und Großstädte. Trotzdem ist die Farm, auf der sie aufgewachsen sind, in gewissem Sinne noch ihre Farm. Also fährt sein Vater wenigstens einmal im Jahr, und manchmal zweimal, auf die Farm und nimmt ihn mit.

Die Farm heißt Voëlfontein, Vogelquelle; er liebt jeden Stein dort, jeden Busch, jeden Grashalm, er liebt die Vögel, nach denen sie benannt ist, Vögel, die sich bei Anbruch der Dämmerung zu Tausenden in den Bäumen um die Quelle sammeln, einander Rufe zusenden, leise gurren, ihr Gefieder ordnen, sich für die Nacht vorbereiten. Kaum vorstellbar, daß ein anderer die Farm genauso lieben könnte wie er. Aber er kann über seine Liebe nicht sprechen, nicht nur weil normale Leute über so etwas nicht reden, sondern weil es auch einem Verrat an seiner Mutter gleichkäme, wenn er es gestehen würde. Es wäre nicht nur ein Verrat, weil sie ebenfalls von einer Farm kommt, einer rivalisierenden Farm weit weg von hier, von der wiederum sie mit Liebe und Sehnsucht spricht und die sie nie wieder besuchen kann, da sie an Fremde verkauft worden ist, sondern auch weil sie auf dieser Farm, der wahren Farm, Voëlfontein, nicht wirklich willkommen ist.

Warum das so ist, erklärt sie nie – wofür er am Ende dankbar ist –, aber allmählich kann er die Geschichte rekonstruieren. Während des Krieges hat seine Mutter lange Zeit mit ihren beiden Kindern in einem einzigen gemieteten Zimmer in der Stadt Prince Albert gewohnt und mußte mit sechs Pfund monatlich, die der Vater von seinem Sold überwies, plus zwei Pfund aus dem Notfonds des Generalgouverneurs, über die Runden kommen. Während dieser Zeit wurden sie nicht ein einziges Mal auf die Farm eingeladen, obwohl sie nur zwei Wegstunden entfernt lag. Diesen Teil der Geschichte kennt er, weil sogar der Vater, als er aus dem Krieg heimkehrte, verärgert war und sich dafür schämte, wie man sie behandelt hatte.

Von der Stadt Prince Albert ist ihm nur noch im Gedächtnis geblieben, wie die Moskitos in den langen heißen Nächten sirrten und wie seine Mutter im Unterrock hin und her ging, Schweißperlen auf der Haut, die schweren, plumpen Beine von Krampfadern durchzogen, und versuchte, seinen kleinen Bruder zu beruhigen, der immerzu heulte; und er erinnert sich an Tage voll schrecklicher Langeweile hinter zum Schutz gegen die Sonne herabgelassenen Jalousien. So lebten sie, eingepfercht, für einen Umzug zu arm, und warteten auf die Einladung, die nie kam.

Die Mutter preßt immer noch die Lippen zusammen, wenn die Rede auf die Farm kommt. Trotzdem fährt sie zu Weihnachten mit auf die Farm. Die ganze Großfamilie versammelt sich. Betten und Matratzen und Notliegen sind in jedem Zimmer hergerichtet, auch auf der langen Veranda; zu einem Weihnachtsfest zählt er sechsundzwanzig. Den ganzen Tag lang schuften seine Tante und die beiden Mägde in der dampfigen Küche, sie kochen und backen und bereiten Mahlzeit um Mahlzeit zu, eine Runde Tee oder Kaffee und Kuchen nach der anderen, während die Männer auf der Veranda sitzen, faul über die flimmernde Karoo blicken und Geschichten über die alten Tage austauschen.

Begierig saugt er die Atmosphäre auf, saugt die glückliche, unbekümmerte Mischung von Englisch und Afrikaans auf – ihre gemeinsame Sprache, wenn sie zusammenkommen. Er mag diese lustige, tanzende Sprache, mit den willkürlich im Satz verteilten Partikeln. Sie ist leichter, luftiger als das Afrikaans, das sie in der Schule lernen und das überfrachtet ist mit Redewendungen, die angeblich aus dem *volksmond* kommen, doch offenbar nur vom Großen Treck stammen, schwerfällige, blödsinnige Wendungen mit Planwagen und Vieh und Geschirr.

Bei seinem ersten Besuch auf der Farm, zu Lebzeiten des Großvaters, waren noch alle Bauernhoftiere aus seinen Geschichtenbüchern da: Pferde, Esel, Kühe mit ihren Kälbern, Schweine, Enten, eine Hühnerkolonie mit einem Hahn, der krähend die Sonne begrüßte, Ziegen und bärtige Ziegenböcke. Dann, nach dem Tod des Großvaters, schmolz der Bauernhof dahin, bis nichts übrig war als Schafe. Zuerst wurden die Pferde verkauft, dann wurden die Schweine zu Schinken verarbeitet (er sah zu, wie sein Onkel das letzte Schwein erschoß; die Kugel traf es hinterm Ohr; es gab ein Grunzen und einen gewaltigen Furz von sich und brach zusammen, zunächst auf die Knie, dann auf die Seite, und zitterte). Dann verschwanden die Kühe und die Enten.

Der Grund dafür war der Wollpreis. Die Japaner zahlten ein Pfund für ein Pfund Wolle – es war einfacher, einen Traktor zu kaufen, als Pferde zu halten, einfacher, in dem neuen Studebaker nach Fraserburg Road zu fahren und Feinfrostbutter und Milchpulver zu kaufen, als eine Kuh zu melken und zu buttern. Nur Schafe zählten, Schafe mit ihrem goldenen Vlies.

Die Mühen des Ackerbaus konnte man auch hinter sich lassen. Auf der Farm wird einzig und allein noch Luzerne angebaut, falls einmal das Weidegras nicht ausreichen sollte und die Schafe gefüttert werden müssen. Von den Obstgärten ist nur noch ein Orangenhain geblieben, der Jahr für Jahr die süßesten Navelorangen trägt.

Wenn sich seine Tanten und Onkel nach einem erfrischenden Mittagsschläfchen auf der Veranda versammeln, um Tee zu trinken und Geschichten zu erzählen, wendet sich ihr Gespräch manchmal den alten Zeiten auf der Farm zu. Sie ergehen sich in Erinnerungen an den Vater, den »Gentleman-Farmer«, der sich einen Wagen mit Gespann hielt, der auf dem Land unterhalb des Wasserreservoirs Getreide anbaute, das er selbst drosch und mahlte. »Ja, das waren noch Zeiten«, sagen sie und seufzen.

Sie schwelgen gern nostalgisch in früheren Zeiten, aber keiner von ihnen möchte wie er diese Vergangenheit zurück haben. Er möchte es wirklich. Er wünscht sich alles so, wie es früher war.

In einem Verandawinkel hängt im Schatten der Bougainvillea ein Wasserbehälter aus Segeltuch. Je heißer der Tag, desto kühler das Wasser – ein Wunder, wie das Wunder des

Fleisches, das in der dunklen Vorratskammer hängt und nicht verdirbt, wie das Wunder der Kürbisse, die auf dem Dach in der brennenden Sonne liegen und frisch bleiben. Auf der Farm gibt es offenbar keinen Verfall.

Das Wasser aus der Wasserflasche ist zauberhaft kühl, aber er nimmt jedesmal nicht mehr als einen Schluck. Er ist stolz darauf, wie wenig er trinkt. Das wird ihm zugute kommen, hofft er, wenn er sich je im Veld verlaufen sollte. Er möchte eine Kreatur der Wüste sein, dieser Wüste, wie eine Eidechse.

Unmittelbar oberhalb des Farmhauses befindet sich ein Wasserreservoir mit einer Steinmauer darum, das von einer Windpumpe gefüllt wird und Wasser für Haus und Garten liefert. An einem heißen Tag lassen sein Bruder und er eine verzinkte Wanne in das Wasser hinab, klettern in das schwankende Gefährt und paddeln damit kreuz und quer über die Wasserfläche.

Er ist wasserscheu; für ihn ist dieses Abenteuer eine Möglichkeit, seine Angst zu überwinden. Ihr Boot schaukelt in der Mitte des Wasserbeckens. Das gekräuselte Wasser reflektiert Lichtbündel; kein anderer Laut als das Zirpen von Zikaden ist zu vernehmen. Zwischen ihm und dem Tod ist nur dünnes Blech. Trotzdem fühlt er sich ganz sicher, so sicher, daß er fast dösen kann. Das ist die Farm – hier kann nichts Böses geschehen.

Nur einmal schon, als er vier war, ist er in einem Boot gewesen. Ein Mann (wer? – vergeblich versucht er sich an ihn zu erinnern) hat sie in Plettenberg Bay auf die Lagune hinausgerudert. Es sollte eine Vergnügungsfahrt sein, doch die ganze Zeit saß er wie erstarrt im Boot und ließ die ferne Küste nicht aus den Augen. Nur einmal blickte er über den Bootsrand. Seegraswedel schwankten träge tief unter ihnen.

Es war, wie er befürchtet hatte, und noch schlimmer; ihm schwirrte der Kopf. Nur diese zerbrechlichen Bretter, die bei jedem Ruderschlag stöhnten, als würden sie gleich bersten, schützten ihn davor, in ein nasses Grab zu sinken. Er klammerte sich noch fester, schloß die Augen und kämpfte aufsteigende Panik nieder.

In Voëlfontein gibt es zwei farbige Familien, jede hat ein Haus für sich. Bei der Mauer des Wasserreservoirs steht auch das Haus, jetzt ohne Dach, in dem früher Outa Jaap gelebt hat. Outa Jaap war vor dem Großvater auf der Farm; er selbst erinnert sich an Outa Jaap nur als sehr alten Mann mit milchig-weißen, blinden Augäpfeln und zahnlosem Mund und knotigen Händen, der auf einer Bank in der Sonne saß, zu dem er gebracht wurde, bevor der alte Mann starb, vielleicht um gesegnet zu werden, er weiß es nicht genau. Obwohl Outa Jaap nun fort ist, wird sein Name noch mit Ehrfurcht genannt. Aber wenn er sich erkundigt, was denn so besonders an Outa Jaap war, sind die Antworten, die er bekommt, sehr gewöhnlich. Outa Jaap stammte aus der Zeit, als es noch keine Zäune gab, die vor Schakalen schützten, wird ihm erzählt, als man vom Hirten, der seine Schafe zum Weiden in eins der weit entfernten Lager brachte, erwartete, daß er bei ihnen blieb und sie endlose Wochen lang hütete. Outa Jaap gehörte einer verschwundenen Generation an. Das ist alles.

Trotzdem spürt er etwas von dem, was sich hinter diesen Worten verbirgt. Outa Jaap war Teil der Farm; obwohl der Großvater ihr Käufer und rechtmäßiger Besitzer sein mochte, gehörte Outa Jaap zur Farm, wußte mehr über sie, über Schafe, das Veld, das Wetter, als der Neuankömmling je wissen würde. Deshalb mußte man Outa Jaap Respekt erweisen; deshalb kommt es nicht in Frage, daß man Outa Jaaps

Sohn Ros, der jetzt in mittleren Jahren ist, los wird, obwohl er kein besonders guter Arbeiter ist, unzuverlässig und oft etwas falsch versteht.

Es ist klar, daß Ros auf der Farm leben und sterben wird und daß einer seiner Söhne dann seinen Platz einnehmen wird. Freek, der andere Knecht, ist jünger und tatkräftiger als Ros, er begreift schneller und ist zuverlässiger. Trotzdem gehört er nicht zur Farm – es herrscht Einigkeit darüber, daß er nicht unbedingt bleiben wird.

Da er aus Worcester, wo Farbige offenbar um alles betteln müssen (*Asseblief my nooi! Asseblief my basie!*), auf die Farm kommt, ist er erleichtert darüber, wie korrekt und förmlich die Beziehungen zwischen seinem Onkel und dem *volk* sind. Jeden Morgen bespricht der Onkel mit seinen beiden Männern die Aufgaben des Tages. Er gibt ihnen keine Befehle. Statt dessen schlägt er die Aufgaben vor, die erledigt werden müssen, eine nach der anderen, als teile er Karten aus und lege sie auf den Tisch; seine Männer teilen auch ihre eigenen Karten aus. Zwischendurch gibt es Pausen, langes, nachdenkliches Schweigen, wo nichts geschieht. Dann scheint auf einmal, geheimnisvoll, die ganze Angelegenheit klar zu sein: wer wohin geht, wer was tun wird. »*Nouja, dan sal ons maar loop, baas Sonnie!*« – Wir machen uns auf den Weg! Und Ros und Freek setzen ihren Hut auf und machen sich schnell davon.

In der Küche ist es das gleiche. Zwei Frauen arbeiten dort: Ros' Frau Tryn und Lientjie, seine Tochter aus erster Ehe. Sie kommen zur Frühstückszeit und gehen nach dem Mittagessen, der Hauptmahlzeit des Tages, hier Dinner genannt. Lientje ist Fremden gegenüber so scheu, daß sie ihr Gesicht verbirgt und kichert, wenn man sie anspricht. Aber wenn er an der Küchentür steht, hört er einen leisen Redefluß, der zwischen seiner Tante und den beiden Frauen hin und her geht und den er gern heimlich belauscht – das sanfte, tröstliche Geplauder von Frauen, Geschichten, von Ohr zu Ohr weitererzählt, bis nicht nur die Farm, sondern auch das Dorf in Fraserburg Road und die Siedlung der Farbigen vor dem Dorf mit Geschichten überzogen sind, auch alle anderen Farmen der Gegend – ein sanftes weißes Netz aus Geschichten, das über Vergangenheit und Gegenwart gesponnen wird, ein Netz, an dem zur gleichen Zeit auch in anderen Küchen gesponnen wird, in den Küchen der Van Rensburgs, der Alberts, der Nigrinis, der verschiedenen Zweige der Botes-Familie – wer wen heiraten wird, wessen Schwiegermutter welche Operation durchmachen wird, wessen Sohn in der Schule gut ist, wessen Tochter in Schwierigkeiten steckt, wer wen besucht hat, wer was wann angehabt hat.

Aber mit Ros und Freek hat er mehr Umgang. Er brennt vor Neugier, was ihre Lebensumstände angeht. Tragen sie wie weiße Leute Unterhemd und Unterhose? Haben sie jeder sein eigenes Bett? Schlafen sie nackt oder in den Arbeitsklamotten, oder haben sie Schlafanzüge? Essen sie richtige Mahlzeiten, am Tisch sitzend mit Messer und Gabel?

Er kann diese Fragen nicht beantworten, denn man hält ihn davon ab, ihre Häuser zu besuchen. Das wäre unhöflich, sagt man ihm – unhöflich, weil es Ros und Freek peinlich wäre.

Wenn es nicht peinlich ist, daß Ros' Frau und Tochter im Haus arbeiten, möchte er fragen, daß sie Essen kochen, Wäsche waschen, Betten machen, warum ist es dann peinlich, sie in ihrem Haus zu besuchen?

Es klingt einleuchtend, hat aber einen Schönheitsfehler, wie er weiß. Denn in Wahrheit *ist* es peinlich, Tryn und Lientjie im Haus zu haben. Es gefällt ihm nicht, wenn er an

Lientjie im Korridor vorbeigeht und sie so tun muß, als sei sie unsichtbar, und er so tun muß, als sei sie Luft. Es gefällt ihm nicht, wenn er Tryn auf den Knien vor dem Waschzuber antrifft, wie sie seine Sachen wäscht. Er weiß nicht, wie er ihr antworten soll, wenn sie ihn in der dritten Person anspricht und ihn *kleinbaas* nennt, den kleinen Herrn, als wäre er nicht selbst anwesend. Das alles ist äußerst peinlich.

Mit Ros und Freek ist es einfacher. Doch selbst mit ihnen muß er in gequält konstruierten Sätzen sprechen, um sie nicht mit *jy* anzureden, wenn sie ihn *kleinbaas* nennen. Er weiß nicht genau, ob Freek als Mann oder als Junge gilt, ob er sich lächerlich macht, wenn er Freek als Mann behandelt. Bei den Farbigen im allgemeinen, und bei den Menschen in der Karoo im besonderen, weiß er einfach nicht, wann die Kindheit aufhört und sie Männer und Frauen werden. Es scheint so früh und plötzlich zu geschehen – eben noch haben sie mit Spielsachen gespielt, da sind sie schon am nächsten Tag mit den Männern draußen bei der Arbeit, oder sie waschen in der Küche von irgendwelchen Leuten das Geschirr ab.

Freek ist freundlich und spricht leise. Er besitzt ein Fahrrad mit dicken Reifen und eine Gitarre; abends sitzt er draußen vor seinem Zimmer, spielt für sich auf seiner Gitarre und lächelt sein ziemlich abwesendes Lächeln. An Samstagnachmittagen radelt er zur Siedlung bei Fraserburg Road und bleibt dort bis Sonntagabend. Er kommt erst lange nach Einbruch der Dunkelheit zurück – in meilenweiter Entfernung können sie den winzigen, schwankenden Lichtfleck seiner Fahrradlampe sehen. Es erscheint ihm heldenhaft, eine so gewaltige Entfernung mit dem Fahrrad zurückzulegen. Er würde Freek als Helden verehren, wenn das gestattet wäre.

Freek ist Knecht, er bekommt Lohn, man kann ihm kündigen und ihn fortschicken. Und trotzdem, wenn er Freek da kauern sieht, die Pfeife im Mund in das Veld hinausstarrend, scheint ihm, daß Freek mit größerer Sicherheit hierher gehört als die Coetzees – wenn nicht nach Voëlfontein, dann in die Karoo. Die Karoo ist Freeks Land, seine Heimat; die Coetzees, auf der Veranda des Farmhauses Tee trinkend und schwatzend, sind wie Schwalben, Zugvögel, heute hier, morgen fort, oder sogar wie Spatzen, tschilpend, flink, kurzlebig.

Das Beste an der Farm, das Allerbeste, ist die Jagd. Der Onkel besitzt nur ein Gewehr, eine schwere Lee-Enfield Kaliber .303 mit Munition, zu groß für jegliches Wild (einmal hat der Vater damit einen Hasen geschossen, und es war nichts von ihm übriggeblieben außer blutigen Fetzen). Wenn sie also die Farm besuchen, borgen sie sich von einem der Nachbarn ein altes Gewehr Kaliber .22. Es faßt eine einzelne Patrone, die man direkt in den Verschluß des Hinterladers schiebt; manchmal versagt es, und ihm klingen stundenlang danach die Ohren. Es gelingt ihm nicht, mit diesem Gewehr irgend etwas anderes zu treffen als Frösche im Wasserreservoir und *muisvoëls*, Mausvögel, im Obstgarten. Doch das Leben ist für ihn nie intensiver als in den frühen Morgenstunden, wenn er und der Vater mit ihren Gewehren losziehen, im trockenen Bett des Boesmansflusses auf der Suche nach Wild: Steenbok, Waldducker, Hasen und an den kahlen Berghängen *korhaan*, Busch-Trappen.

Jeden Dezember kommen der Vater und er auf die Farm, um zu jagen. Sie nehmen den Zug – nicht den Trans-Karoo-Express oder den Orange-Express, ganz zu schweigen von dem Blue Train, die alle zu teuer sind und sowieso nicht in Fraserburg Road halten – sondern den gewöhnlichen Personenzug, der auf allen Stationen hält, sogar auf den unbekanntesten, und manchmal auf Rangiergleise kriechen und warten muß, bis die berühmteren Expreßzüge vorbeigedonnert sind. Er liebt diesen Bummelzug, er liebt es, gemütlich und sicher unter den frischen weißen Laken und marineblauen Decken zu schlafen, die der Schlafwagenschaffner bringt, er liebt es, an einer ruhigen Station am Ende der Welt aufzuwachen und das Zischen der wartenden Lokomotive zu hören, den metallenen Klang, den der Bahnarbeiter mit seinem Hammer beim Prüfen der Räder erzeugt. Und dann im Morgengrauen, wenn sie in Fraserburg Road ankommen, wartet schon Onkel Son mit seinem breiten Lächeln und seinem alten fleckigen Filzhut auf sie und sagt: »*Jis-laaik, maar jy word darem groot, John!*« – Du bist aber groß geworden! – und pfeift durch die Zähne, und sie können ihr Gepäck im Studebaker verstauen und die lange Fahrt antreten.

Ohne groß zu fragen, akzeptiert er die verschiedenen Arten der Jagd, die man auf Voëlfontein ausübt. Er akzeptiert, daß es eine gute Jagd war, wenn sie einen einzigen Hasen aufspüren oder ein Paar *korhaan* in der Ferne kollern hören. Das ist schon eine Geschichte, die sie der übrigen Familie erzählen können, die auf der Veranda sitzt und Kaffee trinkt, wenn sie zurückkehren und die Sonne hoch am Himmel steht. An den meisten Tagen haben sie nichts zu erzählen, überhaupt nichts.

Es hat keinen Sinn, in der Hitze des Tages auf Jagd zu gehen, wenn die Tiere, die sie erlegen wollen, im Schatten dösen. Aber am Spätnachmittag fahren sie manchmal mit dem Studebaker auf den Farmwegen herum, Onkel Son am Steuer, der Vater daneben mit der .303 in der Hand und er und Ros hinten auf dem Notsitz.

Normalerweise wäre es Ros' Aufgabe, rauszuspringen und

die Tore für das Auto zu öffnen und hinter ihm wieder zu schließen, ein Tor nach dem anderen. Aber auf diesen Jagden ist es sein Vorrecht, die Tore zu öffnen, während Ros beifällig zuschaut.

Sie jagen die sagenumwobene *paauw*, die Kori-Trappe. Aber da man *paauw* nur ein- oder zweimal im Jahr zu sehen bekommt – sie sind sogar so selten, daß auf ihren Abschuß ein Bußgeld von fünfzig Pfund steht, wenn man erwischt wird –, beschließen sie, *korhaan* zu jagen. Ros wird auf die Jagd mitgenommen, da er als Buschmann oder beinahe Buschmann außergewöhnlich scharfe Augen haben muß.

Und wirklich ist es Ros, der mit einem Schlag auf das Wagendach signalisiert, daß er die *korhaan* als erster sieht – graubraune Vögel, so groß wie Junghennen, die in Zweier- oder Dreiergruppen im Gebüsch herumlaufen. Der Studebaker hält; der Vater legt das Gewehr auf die Fensterkante und zielt; der Schuß hallt über das Veld hin und her. Manchmal erheben sich die Vögel aufgeschreckt in die Luft; häufiger laufen sie einfach schneller und stoßen dabei den für sie charakteristischen kollernden Laut aus. Nie trifft der Vater wirklich einen *korhaan*, deshalb bekommt er nie einen dieser Vögel aus der Nähe zu sehen.

Sein Vater war im Krieg Kanonier – er gehörte zur Mannschaft eines Bofors-Flakgeschützes, das auf deutsche und italienische Flugzeuge schoß. Er würde gern wissen, ob der Vater jemals ein Flugzeug abgeschossen hat; er hat sich dessen bestimmt nie gerühmt. Wieso ist er überhaupt Kanonier geworden? Er hat kein Talent dazu. Wurden den Soldaten rein zufällig Aufgaben zugeteilt?

Die einzige Art der Jagd, bei der sie doch Erfolg haben, ist die bei Nacht, und die ist, wie er bald entdeckt, beschämend und unrühmlich. Die Methode ist einfach. Nach dem Abendessen klettern sie in den Studebaker, und Onkel Son fährt sie im Dunkeln über die Luzernefelder. An einer gewissen Stelle hält er und schaltet die Scheinwerfer ein. Keine dreißig Schritt entfernt steht erstarrt ein Steenbok, die Ohren weisen in ihre Richtung, seine geblendeten Augen reflektieren die Scheinwerfer. »*Skiet!*« zischt der Onkel. Sein Vater schießt, und der Bock fällt.

Sie versichern einander, daß diese Art Jagd akzeptabel ist, weil die Böcke eine Plage sind und Luzerne fressen, die an die Schafe verfüttert werden soll. Doch als er sieht, wie winzig der tote Bock ist, nicht größer als ein Pudel, weiß er, daß die Begründung falsch ist. Sie jagen bei Nacht, weil sie nicht gut genug sind, um etwas bei Tag zu erlegen.

Andererseits ist das Wild, in Essig eingelegt und dann mit Nelken und Knoblauch gebraten (er sieht zu, wie die Tante Schlitze in das dunkle Fleisch schneidet und es spickt), noch köstlicher als Lamm, würzig und zart, so zart, daß es im Mund zergeht. Alles in der Karoo ist köstlich, die Pfirsiche, die Wassermelonen, die Kürbisse, das Hammelfleisch, als wäre alles, was sein Auskommen in dieser kargen Erde findet, dadurch gesegnet.

Sie werden nie berühmte Jäger sein. Dennoch liebt er das Gewicht des Gewehrs in seiner Hand, das Geräusch ihrer Schritte auf dem grauen Flußsand, die Stille, die sich schwer wie eine Wolke herabsenkt, wenn sie stehenbleiben, und immer die sie umschließende Landschaft, die geliebte Landschaft in Ocker- und Grautönen, in Rehbraun und Olivgrün.

Am letzten Tag seines Besuchs darf er, wie es Brauch ist, die restlichen .22er Patronen aus seiner Schachtel verschießen und damit eine Blechbüchse auf einem Zaunpfahl zu treffen versuchen. Das ist eine schwierige Situation. Das geliehene Gewehr ist keine gute Waffe, er ist kein guter

Schütze. Während die Familie von der Veranda aus zusieht, feuert er hastig und trifft häufiger daneben als das Ziel.

Eines Morgens, als er allein draußen im Flußbett ist und *muisvoëls* jagt, klemmt die .22er. Es gelingt ihm nicht, die Patronenhülse zu entfernen, die im Verschluß feststeckt. Er geht mit dem Gewehr zum Haus zurück, aber Onkel Son und der Vater sind draußen im Veld. »Frag Ros oder Freek«, schlägt die Mutter vor. Er findet Freek im Stall. Freek will jedoch das Gewehr nicht anfassen. Mit Ros geht es ihm genauso, als er Ros findet. Obwohl sie keine Erklärungen abgeben wollen, scheinen sie eine Heidenangst vor Gewehren zu haben. Er muß daher warten, bis der Onkel kommt und die Patronenhülse mit seinem Taschenmesser entfernt. »Ich habe Ros und Freek gebeten«, beklagt er sich beim Onkel, »aber sie wollten nicht helfen.« Der Onkel schüttelt den Kopf. »Du darfst sie nicht bitten, Gewehre anzufassen«, sagt er. »Sie wissen, daß sie das nicht dürfen.«

Sie dürfen es nicht. Warum nicht? Keiner will es ihm sagen. Aber er brütet über den Worten *nicht dürfen*. Auf der Farm hört er sie häufiger als sonst irgendwo, sogar noch häufiger als in Worcester. Seltsame Worte. »Das darfst du nicht anfassen.« »Das darfst du nicht essen.« Wäre das der Preis dafür, wenn er nicht mehr zur Schule ginge und darum bäte, hier auf der Farm leben zu dürfen – müßte er dann aufhören, Fragen zu stellen, alle Verbote befolgen und tun, was ihm befohlen würde? Wäre er bereit, sich dem zu fügen und diesen Preis zu zahlen? Gibt es denn keine Möglichkeit, in der Karoo zu leben – dem einzigen Ort auf der Welt, wo er sein möchte –, so wie er will: ohne einer Familie anzugehören?

Die Farm ist riesengroß, so groß, daß er erstaunt ist, als er und der Vater an einem Zaun quer durch das Flußbett ankommen und der Vater erklärt, sie hätten die Grenze zwischen Voëlfontein und der nächsten Farm erreicht. In seiner Vorstellung ist Voëlfontein ein eigenständiges Königreich. Ein einziges Leben bietet nicht genug Zeit, ganz Voëlfontein kennenzulernen, jeden Stein und Busch. Keine Zeit ist ausreichend, wenn man einen Ort mit solch verzehrender Liebe liebt.

Am vertrautesten ist ihm Voëlfontein im Sommer, wenn es flach ausgebreitet unter einem gleichmäßigen, blendenden Licht liegt, das vom Himmel herabströmt. Aber Voëlfontein hat auch seine Geheimnisse, Geheimnisse, die nicht zu Nacht und Schatten gehören, sondern zu heißen Nachmittagen, wenn Trugbilder am Horizont tanzen und sogar die Luft in seinen Ohren singt. Wenn dann alle anderen, betäubt von der Hitze, vor sich hin dösen, kann er auf Zehenspitzen aus dem Haus schleichen und auf den Hügel zum Labyrinth der von Steinmauern umringten Krale steigen, die aus der alten Zeit stammen, als die Schafe zu Tausenden aus der Steppe zusammengetrieben werden mußten, um gezählt oder geschoren oder gedippt zu werden. Die Kralmauern sind zwei Fuß dick und überragen ihn; sie bestehen aus flachen, blaugrauen Steinen, die alle per Eselskarren herangeschafft wurden. Er versucht, sich die Schafherden vorzustellen, jetzt tot und verschwunden, die sich einst vor der Sonne in den Schutz dieser Mauern begeben haben mußten. Er versucht, ein Bild von Voëlfontein heraufzubeschwören, wie es gewesen sein muß, als sich das große Haus und die Nebengebäude und Krale noch im Bau befanden – ein Ort geduldiger, ameisengleicher Arbeit, Jahr um Jahr. Jetzt sind die Schakale, die einst die Schafe gerissen haben, ausgerottet, erschossen oder vergiftet, und die Krale, nun ohne Zweck, verfallen langsam.

Die Mauern der Krale schlängeln sich meilenweit bergauf, bergab. Hier wächst nichts – die Erde ist festgetrampelt und für immer abgetötet, er weiß nicht, wie; sie hat ein fleckiges, ungesundes, gelbes Aussehen. Sobald er innerhalb der Mauern steht, ist er vom Rest der Welt abgeschnitten, außer vom Himmel. Man hat ihn davor gewarnt hierherzukommen, wegen der Schlangengefahr, weil niemand ihn hören wird, wenn er um Hilfe ruft. Schlangen genießen solche heißen Nachmittage, ist er gewarnt worden, sie kommen aus ihren Verstecken – die Ringhalskobra, die Puffotter, die Sandrenn-Natter –, um ein Sonnenbad zu nehmen und ihr kaltes Blut zu wärmen.

Auf eine Schlange ist er in den Kralen noch nicht gestoßen; trotzdem sieht er sich bei jedem Schritt vor.

Freek überrascht hinter der Küche, wo die Frauen die Wäsche aufhängen, eine Sandrenn-Natter. Er erschlägt sie mit einem Stock und drapiert den langen, gelben Körper über einen Busch. Wochenlang wollen die Frauen dort nicht hingehen. Schlangen gehen lebenslange Verbindungen ein, sagt Tryn; wenn man das männliche Tier tötet, kommt das weibliche und sinnt auf Rache.

Der Frühling, der September, ist die beste Zeit für einen Besuch in der Karoo, obwohl die Schulferien nur eine Woche dauern. Als eines Tages im September die Schafscherer kommen, sind sie gerade auf der Farm. Sie tauchen aus dem Nichts auf, wilde Männer auf Fahrrädern, bepackt mit Bettrollen, Töpfen und Pfannen.

Schafscherer, entdeckt er, sind besondere Leute. Wenn sie auf der Farm auftauchen, ist das ein glücklicher Umstand. Um sie zu halten, wird ein fetter Hammel ausgesucht und geschlachtet. Sie ergreifen Besitz vom alten Stall, den sie in ihre Unterkunft verwandeln. Ein Feuer brennt bis spät in die Nacht, während sie schmausen.

Er hört eine lange Diskussion zwischen Onkel Son und

ihrem Anführer mit an; einem so dunklen und wilden Mann, daß er fast ein Farbiger sein könnte. Er hat einen Spitzbart, und seine Hose hält ein Strick fest. Sie unterhalten sich über das Wetter, über den Zustand des Weidelandes im Prince-Albert-Bezirk, im Beaufort-Bezirk, im Fraserburg-Bezirk, über Löhne. Das von den Scherern gesprochene Afrikaans hat einen so ausgeprägten Akzent, steckt so voll seltsamer Redewendungen, daß er es kaum verstehen kann. Woher kommen sie? Gibt es ein noch tiefer im Inneren gelegenes Land als das von Voëlfontein, ein Herzland, das noch abgeschiedener von der Welt ist?

Am nächsten Morgen wird er eine Stunde vor Tagesanbruch von Hufgetrappel geweckt, als die ersten Schaftrupps am Haus vorbeigetrieben werden, um in den Kralen neben dem Schurschuppen eingepfercht zu werden. Der Haushalt beginnt zu erwachen. In der Küche gibt es Getriebe und Kaffeeduft. Mit dem ersten Tageslicht ist er draußen, angezogen, zu aufgeregt zum Essen.

Er wird mit einer Aufgabe betraut. Er hat die Verfügungsgewalt über einen Zinnbecher voll getrockneter Bohnen. Wenn der Scherer mit einem Schaf fertig ist und es mit einem Schlag aufs Hinterteil freigibt, wenn er die geschorene Wolle auf den Sortiertisch wirft und das Schaf, rosa und nackt und blutend, wo die Schere es gezwickt hat, ängstlich in die zweite Pferch trabt – dann darf der Scherer jedesmal eine Bohne aus dem Becher nehmen, was er mit einem Kopfnicken und einem höflichen »*My basie!*« tut.

Als er das Halten des Bechers satt hat (die Scherer können sich ihre Bohnen allein nehmen, sie sind auf dem Lande aufgewachsen und Unehrlichkeit ist ihnen völlig fremd), helfen er und sein Bruder beim Stopfen der Ballen und springen auf der dicken, heißen, öligen Wollmasse herum. Auch seine Cousine Agnes ist da, zu Besuch aus Skipperskloof. Sie und ihre Schwester machen mit; die vier purzeln durcheinander, kichern und tollen herum wie in einem riesigen Federbett.

Agnes nimmt einen Platz in seinem Leben ein, den er noch nicht völlig versteht. Er hat sie zum erstenmal zu Gesicht bekommen, als er sieben war. Sie waren nach Skipperskloof eingeladen worden und kamen dort spät am Nachmittag nach einer langen Bahnfahrt an. Wolken jagten über den Himmel, die Sonne hatte keine Wärme. Unter dem frostigen Winterlicht breitete das Veld ein dunkles Rotblau ohne einen Hauch von Grün aus. Selbst das Farmhaus wirkte abweisend – ein strenges weißes Rechteck mit einem steilen Zinkblechdach. Es war überhaupt nicht wie Voëlfontein; er wollte am liebsten wieder weg.

Agnes, ein paar Monate älter als er, war ihm als Spielgefährtin zugeteilt worden. Sie nahm ihn auf einen Spaziergang ins Veld mit. Sie lief barfuß; sie besaß gar keine Schuhe. Bald sahen sie das Haus nicht mehr, waren am Ende der Welt. Sie fingen zu reden an. Sie hatte Rattenschwänze und lispelte, was ihm gefiel. Bald wurde er zutraulicher. Beim Sprechen vergaß er, welche Sprache er benutzte; Gedanken formten sich einfach in ihm zu Worten, klaren Worten.

Was genau er Agnes an jenem Nachmittag mitgeteilt hat, weiß er nicht mehr. Doch er erzählte ihr alles, alles, was er so machte, was er wußte, worauf er hoffte. Schweigend nahm sie alles auf. Noch beim Reden wußte er, daß das ein besonderer Tag war, ihretwegen.

Die Sonne sank allmählich, feuerrot, doch eisig. Die Wolken wurden dunkler, der Wind schärfer, er drang ihm durch die Kleidung. Agnes hatte außer einem dünnen Baumwollkleid nichts an; ihre Füße waren blau vor Kälte.

»Wo seid ihr gewesen? Was habt ihr gemacht?« fragten die Erwachsenen, als sie zum Haus zurückkehrten. »*Niks nie*«, antwortete Agnes. Nichts.

Hier auf Voëlfontein darf Agnes nicht auf die Jagd, aber es steht ihr frei, mit ihm im Veld umherzuwandern oder Frösche im großen Wasserbecken zu fangen. Mit ihr zusammenzusein ist etwas anderes, als wenn er mit seinen Schulfreunden zusammen ist. Das hat etwas mit ihrer Sanftheit zu tun, mit ihrer Bereitschaft zum Zuhören, aber auch mit ihren schlanken braunen Beinen, mit der Art, wie sie von Stein zu Stein tanzt. Er ist klug, er ist der Klassenerste; auch sie gilt als klug; sie streifen umher und reden von Dingen, über die die Erwachsenen den Kopf schütteln würden: Ob das Universum einen Anfang hat; was hinter dem Pluto, dem dunklen Planeten, liegt; wo Gott ist, wenn es ihn gibt.

Warum kann er so leicht zu Agnes sprechen? Weil sie ein Mädchen ist? Auf alles, was von ihm kommt, scheint sie ohne Vorbehalt, sanft, bereitwillig zu antworten. Sie ist seine Cousine ersten Grades, deshalb können sie sich nicht verlieben und heiraten. In gewisser Weise ist das eine Erleichterung; er ist frei, mit ihr befreundet zu sein, ihr sein Herz zu öffnen. Aber ist er trotzdem in sie verliebt? Ist das Liebe – diese schlichte Großzügigkeit, dieses Gefühl, daß man ihn endlich versteht, daß er nichts vorspielen muß?

Diesen ganzen Tag und auch den ganzen nächsten arbeiten die Scherer, machen kaum eine Eßpause, stacheln einander zum Wettbewerb auf, wer von ihnen der Schnellste ist. Am Abend des zweiten Tages ist die ganze Arbeit getan, jedes Schaf auf der Farm ist geschoren. Onkel Son bringt einen Leinenbeutel mit Banknoten und Münzen heraus, und jeder Scherer wird nach der Anzahl seiner Bohnen bezahlt. Dann gibt es wieder ein Lagerfeuer, wieder ein Fest. Am nächsten

Morgen sind sie fort, und die Farm kann zu ihrer alten, gemächlichen Lebensart zurückkehren.

Es sind so viele Wollballen, daß sie aus den Schuppen quellen. Onkel Son geht mit einer Schablone und einem Stempelkissen von einem zum anderen und malt auf jeden Ballen seinen Namen, den Namen der Farm, die Güteklasse der Wolle. Tage später kommt ein großer Lastwagen (wie ist der durch das Sandbett des Boesmansflusses gekommen, wo selbst Autos steckenbleiben?), die Ballen werden aufgeladen und weggefahren.

Das geschieht jedes Jahr. Jedes Jahr kommen die Scherer, jedes Jahr gibt es dieses Abenteuer, dieses aufregende Ereignis. Es wird nie ein Ende haben; es gibt keinen Grund, warum es je ein Ende haben sollte, solange es Jahre gibt.

Das heimliche und heilige Wort, das ihn mit der Farm verbindet, heißt *gehören*. Draußen im Veld kann er das Wort laut äußern: *Ich gehöre auf die Farm*. Was er wirklich glaubt, aber nicht ausspricht, was er für sich behält, aus Angst, daß der Zauber endet, ist eine andere Form dieses Wortes: *Ich gehöre zur Farm*.

Er sagt es niemandem, weil das so leicht falsch verstanden, so leicht umgekehrt werden kann: *Die Farm gehört zu mir*. Die Farm wird ihm niemals gehören, er wird nie mehr als ein Besucher sein – das akzeptiert er. Der Gedanke, wirklich auf Voëlfontein zu leben, das große alte Haus sein Zuhause zu nennen, nicht länger um Erlaubnis fragen zu müssen, daß er tun darf, was er will, macht ihn schwindlig; er schiebt den Gedanken beiseite. *Ich gehöre zur Farm* – weiter wagt er nicht zu gehen, selbst im innersten Herzen. Aber im innersten Herzen weiß er, was die Farm auf ihre Art auch weiß: daß Voëlfontein niemandem gehört. Die Farm ist größer als sie alle. Die Farm existiert von Ewigkeit zu Ewigkeit. Wenn sie alle tot sind, wenn selbst das Farmhaus verfallen ist wie die Krale auf dem Berg, wird die Farm noch da sein.

Einmal bückt er sich weit weg vom Haus draußen im Veld und reibt die Handflächen im Staub, als wasche er sie. Es ist rituell. Er schafft ein Ritual. Er weiß noch nicht, was das Ritual bedeutet, aber er ist erleichtert, daß keiner da ist, der ihn beobachten und verraten könnte.

Daß er zur Farm gehört, ist sein heimliches Los, ein durch Geburt bestimmtes Los, das er aber freudig annimmt. Sein anderes Geheimnis ist, er mag sich noch so sehr dagegen sträuben, er gehört doch zu seiner Mutter. Es entgeht ihm nicht, daß diese doppelte Hörigkeit Konflikte mit sich bringt. Und es entgeht ihm auch nicht, daß der Einfluß seiner Mutter auf der Farm am schwächsten ist. Da sie als Frau nicht jagen kann, nicht einmal im Veld wandern kann, ist sie auf der Farm im Nachteil.

Er hat zwei Mütter. Zweimal geboren: von einer Frau geboren und von der Farm geboren. Zwei Mütter und keinen Vater.

Eine halbe Meile vom Farmhaus entfernt gabelt sich die Straße, der linke Abzweig führt nach Merweville, der rechte nach Fraserburg. An der Gabelung liegt der Friedhof, ein umzäuntes Stück Land mit eigenem Tor. Der marmorne Grabstein seines Großvaters überragt alles; darum herum drängen sich ein Dutzend andere Gräber, flacher und schlichter, mit Grabsteinen aus Schiefer, einige tragen eingemeißelte Namen und Daten, andere sind ohne Inschrift.

Sein Großvater ist hier der einzige Coetzee, der einzige, der gestorben ist, seit die Farm im Familienbesitz ist. Hier endete er, der Mann, der als Hausierer in Piketberg anfing, dann ein Geschäft in Laingsburg aufmachte und Bürgermeister der Stadt wurde, dann das Hotel in Fraserburg Road kaufte. Er liegt im Grab, doch die Farm gehört noch immer ihm. Seine Kinder laufen wie die Zwerge auf ihr herum, und die Enkel wie Zwergenkinder.

Auf der anderen Straßenseite ist ein zweiter Friedhof ohne Zaun, wo einige der Grabhügel so verwittert sind, daß der Erdboden sie wieder aufgenommen hat. Hier liegen die Diener und Knechte der Farm, bis zurück zu Outa Jaap und weit über ihn hinaus. Die wenigen Grabsteine, die noch aufrecht stehen, sind ohne Namen oder Daten. Aber hier spürt er größere Ehrfurcht als zwischen den Generationen der Botes-Familie, die sich um seinen Großvater drängen. Es hat nichts mit Geistern zu tun. In der Karoo glaubt niemand an Geister. Was hier stirbt, stirbt sicher und endgültig – das Fleisch wird von den Ameisen abgenagt, die Knochen werden von der Sonne gebleicht, und basta. Aber zwischen diesen Gräbern tritt er vorsichtig auf. Aus der Erde steigt eine große Stille, so tief, daß sie beinahe ein Summen sein könnte.

Wenn er stirbt, möchte er auf der Farm begraben werden. Wenn sie das nicht zulassen, dann möchte er eingeäschert werden, und seine Asche soll hier verstreut werden.

Der andere Ort, zu dem er jedes Jahr pilgert, ist Bloemhof, wo das erste Farmhaus gestanden hat. Davon ist nichts geblieben außer den Grundmauern, die uninteressant sind. Davor befand sich einst ein Wasserreservoir, gespeist von einer unterirdischen Quelle; doch die Quelle ist lange schon versiegt. Vom Garten und Obstgarten, die es einmal hier gegeben hat, zeugt nichts mehr. Aber neben der Quelle wächst aus der kahlen Erde eine riesige, einsame Palme. Im Stamm dieses Baumes haben Bienen sich ein Nest gebaut, angriffslustige kleine schwarze Bienen. Der Palmstamm ist geschwärzt vom Rauch der Feuer, die Menschen über Jahre hinweg angezündet haben, um die Bienen ihres Honigs zu berauben;

doch die Bienen bleiben und sammeln Nektar, wer weiß wo in dieser trockenen, grauen Landschaft.

Er hätte es gern, wenn die Bienen erkennen würden, daß er bei seinen Besuchen mit reinen Händen kommt, nicht um sie zu bestehlen, sondern um sie zu begrüßen, ihnen seinen Respekt zu erweisen. Aber als er sich der Palme nähert, beginnen sie verärgert zu summen; Vorboten stürzen sich auf ihn herab, empfehlen ihm den Rückzug; einmal muß er sogar, verfolgt von einem Bienenschwarm, fliehen und schmählich über das Veld rennen, Haken schlagend und mit den Armen wedelnd, dankbar, daß keiner ihn sieht und auslacht.

Jeden Freitag wird für die Leute auf der Farm ein Schaf geschlachtet. Er begleitet Ros und Onkel Son, wenn sie das Schaf aussuchen, das sterben soll; dann steht er daneben und schaut zu, wenn Freek auf dem Schlachtplatz hinter dem Schuppen – vom Haus aus nicht einsehbar – die Beine des Schafes festhält, während Ros dem Tier mit seinem harmlos wirkenden kleinen Taschenmesser die Kehle durchschneidet. Danach halten beide Männer das Schaf fest, das ausschlägt und kämpft und hustet, während sein Lebensblut hervorsprudelt. Er schaut weiter zu, wenn Ros den noch warmen Körper häutet und den Kadaver am Kautschukbaum aufhängt, ihn aufschneidet und die Innereien in eine Schüssel herauszerrt: den großen blauen Magen voller Gras, die Gedärme (aus dem Darm drückt er die letzten paar Bohnen, die das Schaf keine Zeit mehr hatte auszuscheiden), das Herz, die Leber, die Nieren – alles, was das Schaf in seinem Inneren hat und was auch er in sich hat.

Ros benutzt dasselbe Messer zum Kastrieren der Lämmer. Auch bei diesem Ereignis sieht er zu. Die jungen Lämmer und ihre Mütter werden zusammengetrieben und eingepfercht. Dann geht Ros zwischen ihnen herum, packt Lämmer bei den Hinterbeinen, eins nach dem anderen, drückt sie fest zu Boden, während sie vor Entsetzen blöken, einen Verzweiflungsschrei nach dem anderen ausstoßen, und schlitzt den Hodensack auf. Sein Kopf taucht hinunter, er packt die Hoden mit den Zähnen und zerrt sie heraus. Sie sehen aus wie zwei kleine Quallen, an denen blaue und rote Blutgefäße hängen.

Ros schneidet auch den Schwanz ab, wenn er einmal dabei ist, und wirft ihn beiseite, nur einen blutigen Stummel übriglassend.

Mit seinen kurzen Beinen, seinen ausgebeulten, abgelegten Hosen, die kurz unterm Knie abgeschnitten sind, seinen selbstgemachten Schuhen und dem zerschlissenen Filzhut schlürft Ros im Pferch herum wie ein Clown, wählt die Lämmer aus und kastriert sie mitleidslos. Am Ende der Operation stehen die Lämmer wund und blutend neben ihren Müttern, die nichts getan haben, um sie zu beschützen. Ros klappt sein Messer zusammen. Die Arbeit ist getan; er grinst leicht.

Über das, was er gesehen hat, kann man nicht reden. »Warum müssen sie den Lämmern die Schwänze abschneiden?« fragt er die Mutter. »Weil sonst die Schmeißfliegen unter ihren Schwänzen brüten würden«, antwortet die Mutter. Sie reden beide drumherum; beide wissen, was die Frage wirklich meint.

Einmal gibt ihm Ros sein Taschenmesser in die Hand und zeigt ihm, wie leicht es ein Haar zerschneidet. Das Haar biegt sich nicht, es teilt sich bei der leisesten Berührung der Klinge. Ros schärft das Messer jeden Tag, wobei er auf den Wetzstein spuckt und die Klinge immer wieder darüberzieht, ohne Druck, ganz leicht. Vom ständigen Schärfen und Schneiden und wieder Schärfen ist die Klinge so abgewetzt, daß nur ein dünner Streifen geblieben ist. Genauso ist es mit Ros' Spaten – den hat er so lange benutzt und so oft geschärft, daß von ihm nur noch ein oder zwei Handbreit Stahl geblieben sind; das Holz des Griffes ist glatt und schwarz vom Schweiß der Jahre.

»Du solltest da nicht zusehen«, sagt die Mutter nach einer der freitäglichen Schlachtungen.

»Warum?«

»Darum.«

»Ich will aber.«

Und er geht, um zuzusehen, wie Ros das Fell festpflockt und mit Steinsalz bestreut.

Gern sieht er Ros und Freek und seinem Onkel bei der Arbeit zu. Um von den hohen Wollpreisen zu profitieren, will Son noch mehr Schafe auf der Farm halten. Doch nach regenarmen Jahren ist das Veld eine Wüste, das Gras und die Büsche sind bis auf den Grund abgeweidet. Er macht sich daher daran, die gesamte Farm neu einzuzäunen, sie in kleinere Weidegründe einzuteilen, so daß man die Schafe von einem zum anderen treiben kann und das Veld Zeit bekommt, sich zu erholen. Er geht mit Ros und Freek jeden Tag hinaus, treibt Zaunpfähle in die steinharte Erde, spannt eine Achtelmeile Draht nach der anderen, zieht ihn straff wie eine Bogensehne und klammert ihn fest.

Onkel Son ist immer freundlich zu ihm, doch er weiß, daß er ihn nicht wirklich mag. Woran merkt er das? An dem unruhigen Blick in Sons Augen, wenn er in der Nähe ist, an dem gezwungenen Ton in der Stimme. Wenn Son ihn wirklich gern haben würde, dann ginge er genauso frei und ungezwungen mit ihm um wie mit Ros und Freek. Statt dessen paßt Son genau auf, daß er immer Englisch mit ihm spricht, auch wenn er auf Afrikaans antwortet. Für sie beide ist es inzwischen eine Frage der Ehre; sie wissen nicht, wie sie aus der Falle herauskommen können.

Er sagt sich, daß dieses Mißfallen nicht ihm persönlich gilt, daß es nur da ist, weil er, der Sohn von Sons jüngerem Bruder, älter ist als Sons eigener Sohn, der noch ein Baby ist. Doch er befürchtet, daß dieses Gefühl tiefere Wurzeln hat, daß Son ihn nicht mag, weil er sich mit der Mutter, diesem Eindringling, verbündet hat statt mit dem Vater; und auch deshalb, weil er nicht aufrichtig, ehrlich, wahrheitsliebend ist.

Wenn er zwischen Son und seinem eigenen Vater als Vater wählen dürfte, dann würde er sich für Son entscheiden, selbst wenn das bedeutete, daß er unwiderruflich zu den Afrikaanern gehören würde und Jahre im Fegefeuer einer Afrikaans-Internatsschule zubringen müßte, wie alle anderen Farmkinder, ehe er auf die Farm zurückkommen dürfte.

Vielleicht ist das der tiefere Grund dafür, warum Son ihn nicht mag – er spürt den unverständlichen Anspruch, den dieses seltsame Kind auf ihn erhebt, und weist ihn zurück wie ein Mann, der sich vom Klammergriff eines Kleinkinds befreit.

Er beobachtet Son unablässig, bewundert das Geschick, mit dem er alles tut, vom Verarzten eines kranken Tiers bis zum Reparieren einer Windpumpe. Besonders fasziniert ihn sein Wissen über Schafe. Durch bloßes Betrachten eines Schafes kann Son nicht nur sein Alter und seine Abstammung angeben und die Wollmenge, die es erzielen wird, sondern auch, wie jeder Teil seines Körpers schmecken wird. Er kann ein Schlachtschaf danach auswählen, ob es die richtigen Rippen zum Grillen hat oder die richtige Keule zum Braten.

Er selber ißt gern Fleisch. Ungeduldig erwartet er das Bimmeln der Glocke zu Mittag und das gewaltige Mahl, das es ankündigt: Schüsseln mit Bratkartoffeln, gelben Reis mit Rosinen, süße Kartoffeln mit Karamelsoße, Kürbis mit braunem Zucker und weichen Brotwürfeln, süßsaure Bohnen, Rote-Bete-Salat und als Mittelpunkt eine große Platte mit Hammelfleisch und Bratensoße zum Darübergießen. Aber nachdem er Ros beim Schlachten von Schafen zugesehen hat, meidet er rohes Fleisch. Daheim in Worcester geht er lieber nicht in Fleischerläden. Die beiläufige Selbstverständlichkeit, mit der der Fleischer ein Stück Fleisch auf den Ladentisch wirft, es aufschneidet, in Packpapier wickelt und einen Preis darauf schreibt, stößt ihn ab. Wenn er das schrille Heulen der Bandsäge beim Durchtrennen von Knochen hört, möchte er die Ohren verschließen. Es macht ihm nichts aus, Leber anzuschauen, deren Funktion im Körper unklar ist, doch er wendet die Augen ab von den Herzen in der Verkaufsvitrine, und besonders von den Tabletts mit Kutteln. Sogar auf der Farm weigert er sich, Kutteln zu essen, obwohl sie als große Delikatesse gelten.

Er versteht nicht, warum Schafe ihr Schicksal hinnehmen, warum sie nie aufbegehren, sondern demütig in den Tod gehen. Wenn wilde Böcke wissen, daß es nichts Schlimmeres auf Erden gibt, als in die Hände des Menschen zu fallen, und bis zum letzten Atemzug zu entkommen suchen, warum sind dann Schafe so einfältig? Es sind doch schließlich Tiere, sie haben die scharfen Sinne von Tieren – warum hören sie nicht das letzte Blöken des Opfers hinterm Schuppen, riechen sein Blut und merken es sich?

Manchmal wenn er unter den Schafen ist – wenn man sie zum Dippen zusammengetrieben hat und sie eingepfercht sind und nicht fort können –, möchte er ihnen etwas zuflüstern, sie davor warnen, was sie erwartet. Doch dann entdeckt er in ihren gelben Augen ein gewisses Etwas, was ihn verstummen läßt: eine Resignation, ein Bescheidwissen nicht nur darüber, was Ros den Schafen hinter dem Schuppen antut, sondern auch darüber, was sie am Ende einer langen Durstfahrt auf einem Viehtransporter nach Kapstadt erwartet. Sie wissen das alles, bis ins kleinste, und doch fügen sie sich. Sie haben den Preis bedacht und sind bereit, ihn zu zahlen – den Preis dafür, auf der Erde zu sein, den Preis dafür, am Leben zu sein.

Zwölf

In Worcester weht immer der Wind, schwach und kalt im Winter, heiß und trocken im Sommer. Nach einer Stunde im Freien hat man feinen roten Staub im Haar, in den Ohren, auf der Zunge.

Er ist gesund, voller Leben und Energie, scheint aber immer erkältet zu sein. Morgens wacht er mit Halsschmerzen und roten Augen auf, niest unbeherrscht, seine Temperatur steigt heftig und fällt dann wieder. »Ich bin krank«, krächzt er seiner Mutter zu. Sie legt ihm den Handrücken auf die Stirn. »Dann mußt du natürlich im Bett bleiben«, seufzt sie.

Ein schwieriger Moment muß noch überwunden werden, der Moment, wenn sein Vater fragt: »Wo ist John?« und die Mutter sagt: »Er ist krank«, und der Vater schnaubt und sagt: »Spielt er wieder mal den Kranken.« Das übersteht er, indem er, so ruhig er kann, daliegt, bis der Vater fort ist und der Bruder fort ist und er es sich schließlich bei einem Lesetag gemütlich machen kann.

Er liest mit großer Geschwindigkeit und völliger Hingabe. Während seiner Krankheitsanfälle muß seine Mutter zweimal die Woche in die Bücherei, um für ihn Bücher auszuleihen – zwei auf ihre Karte, zwei weitere auf seine. Er selbst meidet die Bücherei, falls es dem Bibliothekar einfallen sollte, Fragen zu stellen, wenn er die Bücher zum Stempeln zurückbringt.

Er weiß, wenn er ein großer Mann sein will, sollte er ernsthafte Bücher lesen. Er sollte wie Abraham Lincoln oder James Watt sein und bei Kerzenschein studieren, während alle anderen schlafen, er sollte sich Latein und Griechisch und Astronomie beibringen. Den Gedanken, ein großer Mann zu sein, hat er nicht aufgegeben; er verspricht sich, daß er bald mit der ernsthaften Lektüre beginnen wird; doch momentan will er nichts als Geschichten lesen.

Er liest alle Krimis von Enid Blyton, alle Geschichten von den Hardy Boys, den jugendlichen Detektiven, alle Kriegsgeschichten über den Jagdflieger Biggles. Aber die Bücher, die ihm am besten gefallen, sind die Geschichten über die Französische Fremdenlegion von P. C. Wren. »Wer ist der größte Schriftsteller auf der Welt?« fragt er den Vater. Sein Vater sagt, Shakespeare. »Warum nicht P. C. Wren?« fragt er. Sein Vater hat P. C. Wren nicht gelesen und scheint sich trotz seines soldatischen Vorlebens nicht für diese Lektüre zu interessieren. »P. C. Wren hat sechsundvierzig Bücher geschrieben. Wieviele Bücher hat Shakespeare geschrieben?« fragt er herausfordernd und fängt mit der Aufzählung von Titeln an. Der Vater äußert gereizt und abweisend »Aah!«, hat aber keine Antwort parat.

Wenn dem Vater Shakespeare gefällt, dann muß Shakespeare schlecht sein, schlußfolgert er. Trotzdem fängt er an, Shakespeare zu lesen, in der Ausgabe mit den vergilbenden Seiten und ausgefransten Rändern, die sein Vater geerbt hat und die vielleicht sehr wertvoll ist, weil sie so alt ist. Er versucht zu entdecken, warum die Leute sagen, Shakespeare sei groß. Er liest *Titus Andronicus* wegen des römischen Namens, dann *Coriolanus*, wobei er die langen Reden überspringt, wie er die Naturbeschreibungen in seinen Bücherei-Büchern überspringt.

Außer Shakespeare besitzt sein Vater noch die Gedichte von Wordsworth und die Gedichte von Keats. Seine Mutter besitzt die Gedichte von Rupert Brooke. Diese Gedichtbände zieren den Kaminsims im Wohnzimmer, zusammen mit Shakespeare, mit der *Geschichte von San Michele* in einem Lederschuber und mit einem Buch von A. J. Cronin über einen Arzt. Zweimal versucht er *Die Geschichte von San Michele* zu lesen, doch es langweilt ihn. Er bekommt nie heraus, wer Axel Munthe ist, ob das Buch wahr oder erfunden ist, ob es von einem Mädchen oder von einem Ort handelt.

Eines Tages kommt der Vater mit der Wordsworth-Ausgabe in sein Zimmer. »Die Gedichte solltest du lesen«, sagt er und zeigt ihm Gedichte, die er mit Bleistift angekreuzt hat. Einige Tage später kommt er wieder und will mit ihm über die Gedichte sprechen. »Der tönende Wasserfall verfolgte mich wie eine Leidenschaft«, zitiert der Vater. »Das ist große Dichtkunst, nicht wahr?« Er murmelt etwas, will seinen Vater nicht anblicken, will nicht auf sein Spiel eingehen. Es dauert nicht lange, bis der Vater aufgibt.

Sein abweisendes Benehmen tut ihm nicht leid. Er kann nicht erkennen, wie Poesie in das Leben seines Vaters hineinpaßt; er argwöhnt, daß es nur Schau ist. Wenn die Mutter sagt, sie hätte ihr Buch nehmen und sich in die Dachkammer schleichen müssen, um dem Gespött ihrer Schwestern zu entkommen, glaubt er ihr. Aber den Vater, der heute außer der Zeitung nichts liest, kann er sich nicht als Jungen vorstellen, der Gedichte liest. Er kann sich den Vater in diesem Alter nur Späße machend, lachend und heimlich hinterm Gebüsch Zigaretten rauchend vorstellen.

Er beobachtet den Vater beim Zeitunglesen. Er liest schnell, nervös, blättert durch die Seiten, als suche er etwas, das nicht da ist, er raschelt mit den Seiten und schlägt sie geräuschvoll um. Wenn er mit der Lektüre fertig ist, faltet er die Zeitung klein zusammen und widmet sich dem Kreuzworträtsel.

Auch die Mutter verehrt Shakespeare. Sie hält *Macbeth* für Shakespeares größtes Stück. »Wenn der Meuchelmord aussperren könnt' aus seinem Netz die Folgen«, schnurrt sie herunter und hält inne; »und nur Gelingen aus der Tiefe zöge«, fährt sie fort und nickt mit dem Kopf, um das Versmaß einzuhalten. »Alle Wohlgerüche Arabiens würden diese kleine Hand nicht wohlriechend machen«, fügt sie hinzu. *Macbeth* war das Stück, das in der Schule behandelt wurde; der Lehrer stand immer hinter ihr und zwickte sie in den Arm, bis sie den ganzen Monolog aufgesagt hatte. »*Kom nou, Vera!*« sagte er immer – »Weiter!« – und kniff sie, und sie brachte dann noch ein paar Worte heraus.

Obwohl die Mutter so dumm ist, daß sie ihm nicht bei den Hausaufgaben der Klasse Vier helfen kann, ist ihr Englisch makellos, besonders, wenn sie schreibt, das versteht er nicht. Sie gebraucht die Worte im richtigen Sinn, ihre Grammatik ist tadellos. Sie ist in der Sprache heimisch, das ist ein Bereich, wo sie nicht verunsichert werden kann. Wie ist das gekommen? Ihr Vater war Piet Wehmeyer, ein eindeutiger Afrikaans-Name. Im Fotoalbum sieht er in seinem kragenlosen Hemd und dem breitkrempigen Hut wie jeder gewöhnliche Farmer aus. Im Uniondale-Bezirk, wo sie zu Hause waren, gab es keine Engländer; die Nachbarn schienen alle Zondagh geheißen zu haben. Ihre Mutter war eine geborene Marie du Biel, mit deutschen Eltern, die keinen Tropfen englischen Bluts in den Adern hatten. Doch als sie Kinder bekam, gab sie ihnen englische Namen – Roland, Winifred, Ellen, Vera, Norman, Lancelot – und sprach mit ihnen zu Hause Englisch. Wo konnten die beiden, sie und Piet, nur Englisch gelernt haben?

Das Englisch des Vaters ist fast genauso gut, obwohl in seinem Akzent mehr als eine Spur Afrikaans hörbar ist und er »thirty« wie »thutty« ausspricht. Der Vater blättert ständig in der Taschenausgabe des »Oxford English Dictionary«, wenn er seine Kreuzworträtsel löst. Er scheint jedes Wort darin wenigstens ungefähr zu kennen, auch jede Redewendung. Die verrückteren Wendungen spricht er mit Vergnügen aus, als präge er sie sich ein: *pitch in* (einspringen), *come a cropper* (auf die Nase fallen).

Er selbst kommt bei Shakespeare nur bis zum *Coriolanus*. Abgesehen von der Sportseite und den Comics langweilt ihn die Zeitung. Wenn er sonst nichts zu lesen hat, liest er in den grünen Büchern. »Bring mir ein grünes Buch!« ruft er der Mutter von seinem Krankenbett aus zu. Die grünen Bücher sind die Bände von Arthur Mees *Enzyklopädie für Kinder*, die mit ihnen gereist sind, solange er denken kann. Er hat sie schon sehr oft durchgenommen; als er noch klein war, hat er Seiten herausgerissen, mit Buntstiften darin herumgekrakelt, den Einband kaputt gemacht, so daß die Bände nun mit äußerster Vorsicht behandelt werden müssen.

Er liest nicht wirklich in den grünen Büchern – der Stil, in dem sie verfaßt sind, macht ihn ungeduldig, er ist zu überschwenglich und kindisch, ausgenommen die zweite Hälfte von Band 10, der Index, der voll sachlicher Informationen steckt. Aber er verweilt lange bei den Abbildungen, besonders den Fotos von Marmorstatuen, nackten Männern und Frauen mit Tuchfähnchen um die Lenden. Glatte, schlanke Marmormädchen bevölkern seine erotischen Träume.

Das Überraschende an seinen Erkältungen ist, wie schnell sie vorübergehen oder scheinbar vorübergehen. Um elf hat das Niesen aufgehört, ist der Brummschädel verschwunden, es geht ihm gut. Er hat genug vom verschwitzten, unangenehm riechenden Schlafanzug, von den muffigen Decken und der durchgelegenen Matratze, von den feuchten Taschentüchern überall. Er steht auf, zieht sich aber nicht an – das hieße, sein Glück zu sehr auf die Probe stellen. Er gibt acht, daß er sich nicht draußen zeigt, damit ihn kein Nachbar oder jemand, der vorbeikommt, verrät, und spielt mit dem Meccano-Baukasten oder ordnet Briefmarken in sein Album, fädelt Knöpfe auf oder flicht Kordeln aus übriggebliebenen Wollsträngen. Seine Schublade ist voller geflochtener Kordeln, die zu nichts taugen, außer zu Gürteln für den Morgenmantel, den er nicht besitzt. Wenn die Mutter in sein Zimmer kommt, versucht er, so elend wie nur möglich auszusehen, und wappnet sich gegen ihre spitzen Bemerkungen.

Alle verdächtigen ihn, daß er nur schauspielert. Er kann seine Mutter nie davon überzeugen, daß er wirklich krank ist; wenn sie seinen Bitten nachgibt, tut sie es unwillig und nur, weil sie ihm nichts abschlagen kann. Seine Schulkameraden halten ihn für einen Weichling und ein Muttersöhnchen.

Doch die Wahrheit ist, daß er oft morgens aufwacht und um Luft ringt; Niesanfälle schütteln ihn minutenlang, bis er keucht und weint und sterben möchte. Diese Anfälle sind nicht gespielt.

Die Vorschrift besagt, daß man eine schriftliche Entschuldigung vorweisen muß, wenn man in der Schule gefehlt hat. Er kennt den Standardbrief seiner Mutter auswendig: »Entschuldigen Sie bitte Johns Fernbleiben gestern. Er hatte eine starke Erkältung, und ich hielt es für ratsam, daß er im Bett bleibt. Hochachtungsvoll.« Mit einem flauen Gefühl gibt er diese Briefe ab, die seine Mutter als Lügen schreibt und die als Lügen gelesen werden.

Wenn er zum Ende des Schuljahres die Tage seiner Abwesenheit zusammenzählt, hat er fast jeden dritten Tag gefehlt. Und trotzdem ist er immer noch Klassenerster. Er schlußfolgert daraus, daß nicht wichtig ist, was im Klassenzimmer vor sich geht. Er kann alles jederzeit zu Hause nachholen. Wenn es nach ihm ginge, würde er das ganze Jahr über fehlen und nur zu den Prüfungen erscheinen.

Seine Lehrer erzählen nichts, was nicht schon im Lehrbuch steht. Er blickt deshalb nicht auf sie herab, die anderen Jungen auch nicht. Ja, es gefällt ihm nicht, wenn immer mal wieder die Unwissenheit eines Lehrers deutlich wird. Wenn er könnte, würde er seine Lehrer beschützen. Aufmerksam lauscht er jedem ihrer Worte. Aber er lauscht weniger, um zu lernen, als um nicht beim Tagträumen erwischt zu werden (»Was habe ich gerade gesagt? Wiederhole, was ich gerade gesagt habe«), damit er nicht vor die Klasse treten muß und erniedrigt wird.

Er ist davon überzeugt, daß er anders, daß er etwas Besonderes ist. Warum er auf der Welt ist, weiß er noch nicht. Er vermutet, daß er kein Artus oder Alexander sein wird, die schon zu Lebzeiten verehrt wurden. Ihn wird man erst würdigen, wenn er tot ist.

Er wartet auf seine Berufung. Wenn der Ruf kommt, wird er bereit sein. Ohne Zögern wird er ihm folgen, auch wenn er in den Tod gehen müßte, wie die britischen Kavalleristen der *Light Brigade*, die im Krimkrieg gegen russische Kanonen anritten.

Den Maßstab, an dem er sich mißt, ist der des VC, des Viktoria-Kreuzes. Nur die Engländer haben das VC. Die Amerikaner haben es nicht, zu seiner Enttäuschung auch die Russen nicht. Die Südafrikaner haben es ganz sicher nicht.

Es entgeht ihm nicht, daß VC die Initialen seiner Mutter sind.

Südafrika ist ein Land ohne Helden. Wolraad Woltemade würde vielleicht zu den Helden zählen, wenn er nicht so einen ulkigen Namen hätte. Immer wieder ins stürmische Meer hinauszuschwimmen, um unglückliche Seeleute zu retten, ist bestimmt mutig; aber wer war denn mutig, der Mann oder das Pferd? Bei dem Gedanken an Wolraad Woltemades Schimmel, der sich standhaft erneut in die Wellen stürzt (ihm gefällt der verstärkte Nachdruck von *standhaft*), hat er einen Kloß im Hals.

Vic Toweel kämpft gegen Manuel Ortiz um den Weltmeistertitel im Bantamgewicht. Der Kampf findet an einem Samstagabend statt; er bleibt lange auf, um mit seinem Vater die Rundfunkreportage zu hören. In der letzten Runde stürzt sich Toweel, schon blutend und erschöpft, auf seinen Gegner. Ortiz schwankt; die Menge rast, die Stimme des Reporters ist heiser vom Schreien. Die Kampfrichter verkünden ihr Urteil: Südafrikas Viccie Toweel ist der neue Weltmeister. Er und der Vater schreien vor Begeisterung und fallen sich in die Arme. Er weiß nicht, wie er seiner Freude Ausdruck geben soll. Unwillkürlich packt er die Haare des Vaters und zieht mit aller Kraft daran. Sein Vater fährt zurück und sieht ihn seltsam an.

Tagelang sind die Zeitungen voll Bilder vom Kampf. Viccie Toweel ist ein Nationalheld. Was ihn angeht, so schwindet die Begeisterung rasch. Er ist immer noch glücklich, daß Toweel Ortiz geschlagen hat, aber er fragt sich allmählich, warum. Was bedeutet ihm Toweel? Warum sollte er sich nicht frei für Toweel oder Ortiz beim Boxsport entscheiden können, wie er sich beim Rugby für die Hamiltons oder die Villagers entscheiden kann? Ist er verpflichtet, Anhänger von Toweel zu sein, diesem häßlichen kleinen Mann mit den krummen Schultern, der großen Nase und den winzigen glänzend-schwarzen Äuglein, weil Toweel (trotz seines komischen Namens) Südafrikaner ist? Müssen Südafrikaner andere Südafrikaner unterstützen, auch wenn sie die gar nicht kennen?

Der Vater ist keine Hilfe. Der Vater äußert nie etwas Überraschendes. Ausnahmslos sagt er vorher, daß Südafrika gewinnen wird, oder daß Western Province gewinnen wird, sei es beim Rugby, beim Cricket oder bei einem anderen Sport. »Was denkst du, wer wird gewinnen?« fordert er den Vater am Tag vor dem Spiel Western Province gegen Transvaal heraus. »Western Province, haushoch«, antwortet der Vater wie ein Automat. Sie hören sich die Reportage vom Spiel im Radio an, und Transvaal gewinnt. Der Vater ist ungerührt. »Nächstes Jahr gewinnt Western Province«, sagt er; »wart's nur ab.«

Es scheint ihm einfältig, zu glauben, Western Province werde gewinnen, nur weil man aus Kapstadt stammt. Es ist besser, man glaubt, Transvaal gewinnt, und ist dann positiv überrascht, wenn es nicht so kommt.

In seiner Hand spürt er immer noch, wie sich das Haar seines Vaters angefühlt hat – grob, kräftig. Das Gewaltsame seiner Handlung erstaunt und verstört ihn. Er hat sich noch nie soviel Freiheit dem Vater gegenüber herausgenommen. Er möchte lieber nicht, daß es noch einmal passiert.

Dreizehn

Es ist spät in der Nacht. Die anderen schlafen alle. Er liegt im Bett und erinnert sich. Quer über sein Bett fällt ein orangefarbener Lichtstreifen von der Straßenbeleuchtung, die in Reunion Park die ganze Nacht über brennt.

Ihm geht durch den Kopf, was an diesem Vormittag während der Morgenandacht passiert ist, während die evangelischen Christen ihre Kirchenlieder sangen und die Juden und Katholiken frei herumstreiften. Zwei ältere Jungen, Katholiken, hatten ihn in einer Ecke gestellt. »Wann kommst du zum Katechismus?« hatten sie wissen wollen. »Ich kann nicht zum Katechismus kommen, ich muß freitagnachmittags immer Besorgungen für meine Mutter machen«, hatte er gelogen. »Wenn du nicht zum Katechismus kommst, kannst du kein Katholik sein«, hatten sie gesagt. »Ich bin Katholik«, hatte er beharrlich behauptet und wieder gelogen.

Wenn das Schlimmste geschehen sollte, denkt er jetzt und sieht dem ins Auge, wenn der katholische Priester seine Mutter aufsuchen und fragen würde, warum er nie zum Katechismus kommt, oder – der andere Alptraum – wenn der Schulrektor ankündigen sollte, daß alle Jungen mit Afrikaans-

Namen in Afrikaanerklassen versetzt würden – wenn der Alptraum Realität werden sollte und ihm nichts weiter übrig bliebe, als sich auf bockiges Schreien, Toben und Heulen zu verlegen, sich in die kindische Art zu flüchten, die, wie er weiß, noch in ihm steckt, zusammengerollt wie eine Feder – wenn er sich nach diesem Sturm in einem letzten, verzweifelten Schritt in den Schutz seiner Mutter begeben und sich weigern würde, in die Schule zurückzukehren, sie anflehen würde, ihn zu retten – wenn er sich in dieser Weise völlig und endgültig blamieren und offenbaren sollte, was nur er auf seine Art und die Mutter auf ihre und vielleicht der Vater auf seine eigene verächtliche Art wissen, daß er nämlich noch ein Baby ist und nie erwachsen werden wird – wenn alle Geschichten, die über ihn entstanden sind, durch ihn selbst, durch jahrelanges normales Verhalten – zumindest in der Öffentlichkeit, wenn diese Geschichten in sich zusammenfallen sollten und sein häßlicher, finsterer, jämmerlicher, kindischer Kern sichtbar würde, so daß alle ihn erkennen und darüber lachen könnten, gäbe es dann noch eine Chance für ihn weiterzuleben? Wäre es dann nicht um ihn bestellt wie um eins der mißgebildeten, behinderten, mongoloiden Kinder mit heiseren Stimmen und sabberndem Mund, die man auch gleich mit Schlaftabletten umbringen oder erdrosseln könnte?

Die Betten in diesem Haus sind alle alt und müde, ihre Federböden hängen durch, sie quietschen bei der kleinsten Bewegung. Er liegt so still er kann in dem Lichtstrahl, der durchs Fenster fällt, er ist sich seines auf die Seite gerollten Körpers bewußt, seiner vor der Brust geballten Fäuste. In dieser Stille versucht er, sich seinen Tod vorzustellen. Er verabschiedet sich von allem – von der Schule, vom Zuhause, von der Mutter; er versucht, sich vorzustellen, wie sich die

Tage ohne ihn abspulen. Aber es gelingt ihm nicht. Es bleibt immer etwas übrig, etwas Kleines und Schwarzes, wie eine Nuß, wie eine Eichel, die im Feuer gewesen ist, trocken, aschig, hart, unfähig zu wachsen, aber *vorhanden*. Er kann sich vorstellen, wie er stirbt, doch er kann sich nicht vorstellen, wie er verschwindet. Er mag es noch so sehr versuchen, er kann den letzten Rest von sich nicht auslöschen.

Was ist es, das seine Existenz stützt? Ist es Angst vor der Trauer seiner Mutter, eine so große Trauer, daß er es nicht ertragen kann, länger als den Bruchteil einer Sekunde daran zu denken? (Er sieht sie in einem kahlen Raum schweigend dastehen, mit den Händen vor den Augen; dann läßt er die Jalousie herunter, verdeckt ihr Bild.) Oder gibt es noch etwas in ihm, das nicht sterben will?

Er erinnert sich an das andere Mal, als er in die Enge getrieben wurde, damals als die beiden Afrikaanerjungen ihm die Hände auf den Rücken drehten und ihn hinter den Erdwall am Ende des Rugby-Platzes abführten. Er erinnert sich speziell an den größeren von beiden, so fett, daß die Speckfalten aus seinen engen Sachen quollen – einer dieser Idioten oder Fast-Idioten, die dir mit solcher Leichtigkeit, als drehten sie einem Vogel den Hals um, die Finger brechen oder die Luftröhre zerquetschen und dabei ruhig lächeln können. Er hatte Angst gehabt, das stand außer Frage, sein Herz hatte gehämmert. Aber wie echt war diese Angst gewesen? War da nicht, als er mit seinen Schergen über den Platz stolperte, etwas tiefer in ihm, etwas recht Keckes, das sagte: »Keine Sorge, dir geschieht nichts, das ist bloß wieder mal ein Abenteuer«?

Dir geschieht nichts, es gibt nichts, wozu du nicht imstande bist. Das sind die beiden Dinge über ihn, zwei Dinge, die eigentlich eine Einheit sind, das, was mit ihm stimmt und was gleichzeitig nicht stimmt mit ihm. Das Ding, das zwei Seiten hat, bedeutet, daß er nicht sterben wird, egal was geschieht; aber bedeutet es nicht auch, daß er nicht leben wird?

Er ist ein Baby. Die Mutter hebt ihn hoch, indem sie ihm von hinten unter die Arme greift. Seine Beine baumeln, der Kopf sinkt nach vorn, er ist nackt; aber die Mutter hält ihn vor der Brust und schreitet in die Welt hinein. Sie braucht nicht zu sehen, wo sie hingeht, sie braucht nur zu folgen. Während sie voranschreitet, erstarrt alles zu Stein und zerfällt. Er ist nur ein Baby mit einem dicken Bauch und einem baumelnden Kopf, aber er hat diese Macht.

Dann ist er eingeschlafen.

Vierzehn

Aus Kapstadt kommt ein Anruf. Tante Annie ist auf der Treppe ihrer Wohnung in Rosebank gestürzt. Mit einer gebrochenen Hüfte hat man sie ins Krankenhaus gebracht; jemand muß hinfahren und sich um sie kümmern.

Es ist Juli, mitten im Winter. Über dem ganzen Westkap liegt eine Kälte- und Regenfront. Sie nehmen den Frühzug nach Kapstadt, er, seine Mutter und sein Bruder, dann einen Bus, der die Kloof Street hinauf zum Volkshospitaal fährt. Tante Annie, in ihrem geblümten Nachthemd winzig wie ein Baby, ist in der Frauenstation. Die Station ist voll belegt – alte Frauen mit bösen, abgehärmten Gesichtern schlurfen in Morgenmänteln herum und zischeln vor sich hin; fette, schlampige Frauen mit ausdruckslosen Gesichtern sitzen auf den Bettkanten und lassen unbekümmert die Brust raushängen. Aus einem Lautsprecher in der Ecke hört man Springbok Radio. Drei Uhr, das Wunschprogramm am Nachmittag: »Wenn irische Augen lächeln« mit Nelson Riddle und seinem Orchester.

Tante Annie packt den Arm seiner Mutter mit runzliger Hand. »Ich will hier raus, Vera«, flüstert sie heiser. »Das hier ist nichts für mich.«

Die Mutter tätschelt ihre Hand, versucht sie zu beruhigen, auf dem Nachtschränkchen ein Glas Wasser für das Gebiß der Tante und eine Bibel.

Die Stationsschwester sagt ihnen, daß die gebrochene Hüfte gerichtet ist. Tante Annie wird noch einen Monat im Bett bleiben müssen, bis der Knochen wieder zusammengewachsen ist. »Sie ist nicht mehr die Jüngste, es braucht seine Zeit.« Danach wird sie eine Krücke benutzen müssen.

Später fügt die Schwester noch hinzu, daß die Zehennägel von Tante Annie bei ihrer Einlieferung so lang und schwarz wie Vogelklauen waren.

Der Bruder, gelangweilt, hat angefangen zu quengeln. Er klagt über Durst. Die Mutter hält eine Schwester auf und überredet sie, ihm ein Glas Wasser zu holen. Er schaut verlegen weg.

Man schickt sie den Korridor hinunter zum Büro der Sozialarbeiterin. »Sind Sie die Verwandten?« fragt die Sozialarbeiterin. »Können Sie die Frau bei sich zu Hause aufnehmen?«

Die Mutter preßt die Lippen zusammen. Sie schüttelt den Kopf.

»Warum kann sie nicht in ihre Wohnung zurück?« fragt er die Mutter hinterher.

»Sie kann die Treppe nicht steigen. Sie kann nicht einkaufen gehen.«

»Ich will nicht, daß sie bei uns wohnt.«

»Sie wird nicht bei uns wohnen.«

Die Besuchszeit ist vorüber, Zeit Abschied zu nehmen. Tante Annies Augen füllen sich mit Tränen. Sie klammert sich so fest an den Arm der Mutter, daß ihre Finger mit Gewalt aufgebogen werden müssen. »*Ek wil huistoe gaan, Vera*«, flüstert sie – ich will nach Hause.

»Nur noch ein paar Tage, Tante Annie, bis du wieder laufen kannst«, sagt die Mutter so beschwichtigend sie kann.

Diese Seite von ihr hat er noch nie gesehen: diese Falschheit.

Dann ist er an der Reihe. Tante Annie streckt die Hand aus. Tante Annie ist sowohl seine Großtante als auch seine Patin. Es gibt im Fotoalbum ein Foto von ihr mit einem Baby auf dem Arm, das er sein soll. Sie trägt ein schwarzes knöchellanges Kleid und einen altmodischen schwarzen Hut; im Hintergrund ist eine Kirche zu sehen. Weil sie seine Patin ist, glaubt sie, eine besondere Beziehung zu ihm zu haben. Offenbar entgeht ihr der Widerwille, den er für sie empfindet, wie sie da verrunzelt und häßlich in ihrem Krankenhausbett liegt, der Widerwille, den er für diese ganze Krankenstation voll häßlicher alter Frauen empfindet. Er versucht, diesen Widerwillen nicht zu zeigen; brennende Scham erfüllt sein Herz. Er erträgt die Hand auf seinem Arm, doch er will weg, fort von diesem Ort und nie zurück.

»Du bist so klug«, sagt Tante Annie mit der leisen, heiseren Stimme, die sie gehabt hat, solange er sich erinnern kann. »Du bist ein großer Mann, deine Mutter verläßt sich auf dich. Du mußt sie liebhaben und sie unterstützen, und deinen kleinen Bruder auch.«

Seine Mutter unterstützen? So ein Quatsch. Die Mutter ist wie ein Fels, wie eine steinerne Säule. Nicht er muß sie unterstützen, sie muß ihn unterstützen! Warum sagt Tante Annie überhaupt so etwas? Sie tut so, als läge sie im Sterben, dabei hat sie doch nur eine gebrochene Hüfte.

Er nickt, versucht ernsthaft und aufmerksam und folgsam auszusehen, während er heimlich bloß darauf wartet, daß sie ihn losläßt. Sie lächelt das bedeutungsvolle Lächeln, das ein Zeichen für die besondere Beziehung zwischen ihr und Veras

Erstgeborenem sein soll, eine Beziehung, die er überhaupt nicht empfindet, nicht anerkennt. Ihre Augen sind matt, blaßblau, wäßrig. Sie ist achtzig und beinahe blind. Sogar mit Brille kann sie die Bibel nicht richtig lesen, kann sie nur auf dem Schoß halten und die Worte vor sich hin murmeln.

Sie lockert ihren Griff; er murmelt etwas und zieht sich zurück.

Jetzt ist der Bruder dran. Er läßt den Kuß über sich ergehen. »Auf Wiedersehen, liebe Vera«, krächzt Tante Annie. »*Mag die Here jou seën, jou en die kinders*« – Gott segne dich und die Kinder.

Es ist um fünf und wird allmählich dunkel. In der ungewohnten Hektik des städtischen Berufsverkehrs nehmen sie einen Zug nach Rosebank. Sie werden die Nacht in Tante Annies Wohnung verbringen – diese Aussicht versetzt ihn in trübe Stimmung.

Tante Annie hat keinen Kühlschrank. In ihrer Speisekammer ist nichts zu finden außer ein paar verschrumpelten Äpfeln, einem schimmligen halben Laib Brot, einem Glas Fischpaste, der seine Mutter nicht traut. Sie schickt ihn zum indischen Laden; dort haben sie Brot und Marmelade und Tee zum Abendbrot.

Die Kloschüssel ist braun vor Schmutz. Ihm dreht sich der Magen um, wenn er sich die alte Frau mit den langen schwarzen Zehennägeln darauf hockend vorstellt. Er will das Klo nicht benutzen.

»Warum müssen wir hier bleiben?« fragt er. »Warum müssen wir hier bleiben?« echot sein Bruder. »Darum«, sagt die Mutter grimmig.

Tante Annie benutzt 40-Watt-Glühbirnen, um Strom zu sparen. In dem trüben gelben Licht des Schlafzimmers beginnt die Mutter, Tante Annies Sachen in Kartons zu packen.

Er ist noch nie zuvor in Tante Annies Schlafzimmer gewesen. An den Wänden hängen Bilder, gerahmte Fotografien von Männern und Frauen, die steif und abweisend aussehen: Brechers, du Biels, seine Vorfahren.

»Warum kann sie nicht bei Onkel Albert wohnen?«

»Weil Kitty sich nicht um zwei kranke alte Leute kümmern kann.«

»Ich will nicht, daß sie bei uns wohnt.«

»Sie wird nicht bei uns wohnen.«

»Wo dann?«

»Wir werden ein Heim für sie suchen.«

»Was meinst du damit, ein Heim?«

»Ein Heim, ein Heim, ein Altersheim.«

Der einzige Raum in Tante Annies Wohnung, der ihm gefällt, ist der Abstellraum. In ihm sind alte Zeitungen und Kartons bis zur Decke gestapelt. Es gibt Regale voller Bücher, immer das gleiche: ein kompaktes Buch mit rotem Einband, gedruckt auf dickem, groben Papier, das für Afrikaans-Bücher üblich war und wie Löschpapier aussieht, mit Holzspänen und eingeschlossenem Fliegendreck. Der Titel auf dem Buchrücken lautet *Ewige Genesing*; auf dem Einband vorn steht der volle Titel: *Deur 'n gevaarlike krankheid tot ewige genesing* – Durch eine gefährliche Krankheit zur ewigen Genesung. Das Buch hatte sein Urgroßvater, Tante Annies Vater, geschrieben; ihm hat sie – die Geschichte hat er viele Male gehört – fast ihr ganzes Leben gewidmet, zuerst das Manuskript aus dem Deutschen ins Afrikaans übersetzt, dann ihre Ersparnisse geopfert, um einen Drucker in Stellenbosch zu bezahlen, damit er Hunderte von Exemplaren druckte, und einen Buchbinder, damit er einige davon band, dann hat sie die Runde durch die Buchläden von Kapstadt gemacht. Als die Buchhändler nicht überzeugt werden konnten, das

Buch zu verkaufen, wanderte sie selbst von Tür zu Tür. Was übriggeblieben ist, liegt hier in den Regalen im Abstellraum; die Kartons enthalten gefaltete, ungebundene bedruckte Seiten.

Er hat versucht, *Ewige Genesing* zu lesen, aber es ist zu öde. Kaum hat Balthazar du Biel mit der Geschichte seiner Kindheit in Deutschland angefangen, da unterbricht er sie mit langen Berichten von Lichtern am Himmel und Stimmen, die aus den Wolken zu ihm dringen. Das ganze Buch ist offenbar so: kurzen Stücken über sich selbst folgen lange Nacherzählungen dessen, was die Stimmen ihm gesagt haben. Er tauscht mit dem Vater alte Witze über Tante Annie und ihren Vater Balthazar du Biel aus. Sie intonieren den Buchtitel in der salbungsvollen, singenden Art eines *predikant* und ziehen die Vokale in die Länge: »*Deur 'n gevaaaarlike krannnnkheid tot eeeewige geneeeeesing.*«

»War Tante Annies Vater verrückt?« fragt er die Mutter.

»Ja, ich glaube, er war verrückt.«

»Warum hat sie dann ihr ganzes Geld dafür ausgegeben, um sein Buch drucken zu lassen?«

»Ganz bestimmt hat sie Angst vor ihm gehabt. Er war ein schrecklicher alter Deutscher, schrecklich grausam und herrschsüchtig. Seine Kinder hatten alle Angst vor ihm.«

»Aber war er nicht schon tot?«

»Ja, er war schon tot, doch sie hatte bestimmt noch das Gefühl, es ihm schuldig zu sein.«

Sie möchte Tante Annie und ihr Pflichtgefühl dem verrückten alten Mann gegenüber nicht kritisieren.

Das Beste im Abstellraum ist die Buchpresse. Sie ist aus Eisen und so schwer und kompakt wie das Rad einer Lokomotive. Er überredet den Bruder, seine Arme unter die Presse zu legen; dann dreht er an der großen Schraube, bis seine Arme festgenagelt sind und er nicht fort kann. Danach wechseln sie die Plätze, und der Bruder macht dasselbe mit ihm.

Ein oder zwei Umdrehungen mehr, denkt er, und die Knochen zersplittern. Wozu erdulden sie das, sie beide?

Während ihrer ersten Monate in Worcester wurden sie auf eine der Farmen eingeladen, die *Standard Canners* mit Obst belieferten. Während die Erwachsenen Tee tranken, streiften er und sein Bruder auf dem Farmhof umher. Dort stießen sie auf eine Maismühle. Er überredete den Bruder, seine Hand in den Trichter zu stecken, in den die Maiskörner geschüttet wurden; dann drehte er an der Kurbel. Einen Augenblick lang, ehe er zu drehen aufhörte, konnte er fühlen, wie die zarten Fingerknochen zermalmt wurden. Der Bruder stand mit der Hand in der Maschine gefangen da, aschfahl vor Schmerz, und hatte einen verwunderten, fragenden Blick.

Ihre Gastgeber brachten sie alle eilig ins Krankenhaus, wo ein Arzt dem Bruder den halben Mittelfinger der linken Hand amputierte. Eine Weile lang lief er mit bandagierter Hand und mit dem Arm in einer Schlinge herum; dann trug er eine kleine schwarze Lederkappe über dem Fingerstumpf. Er war sechs Jahre alt. Obwohl keiner so tat, als würde der Finger wieder nachwachsen, beklagte er sich nicht.

Er hat sich nie bei seinem Bruder entschuldigt, und er ist auch nie gescholten worden für das, was er getan hat. Trotzdem liegt die Erinnerung wie eine schwere Last auf ihm, die Erinnerung an den sanften Widerstand von Fleisch und Knochen und dann das Knirschen.

»Du kannst zumindest stolz darauf sein, jemanden in der Familie zu haben, der was mit seinem Leben angefangen hat, der etwas hinter sich gelassen hat«, sagt die Mutter.

»Du hast gesagt, daß er ein schrecklicher alter Mann gewesen ist. Du hast gesagt, daß er grausam gewesen ist.«

»Ja, aber er hat etwas mit seinem Leben angefangen.«

Auf der Fotografie in Tante Annies Schlafzimmer hat Balthazar du Biel grimmige, stechende Augen und einen schmalen, harten Mund. Seine Frau neben ihm wirkt müde und mürrisch. Balthazar du Biel lernte sie, die Tochter eines anderen Missionars, kennen, als er nach Südafrika kam, um die Heiden zu bekehren. Später nahm er sie und ihre drei Kinder mit nach Amerika, als er dorthin reiste, um das Evangelium zu verkünden. Auf einem Schaufelraddampfer auf dem Mississippi schenkte irgend jemand seiner Tochter Annie einen Apfel, den sie ihm zeigte. Er verabreichte ihr eine Tracht Prügel, weil sie mit einem Fremden gesprochen hatte. Das sind die wenigen Tatsachen, die er über Balthazar weiß, hinzu kommt der Inhalt des plumpen roten Buches, von dem es viel mehr Exemplare auf der Welt gibt, als die Welt haben will.

Balthazars drei Kinder sind Annie, Louisa – die Mutter seiner Mutter – und Albert, der auf den Fotos in Tante Annies Schlafzimmer als ängstlich blickender Junge im Matrosenanzug erscheint. Jetzt ist Albert Onkel Albert, ein krummer alter Mann mit schwammigem weißen Fleisch wie ein Pilz, der die ganze Zeit zittert und beim Gehen gestützt werden muß. Onkel Albert hat nie in seinem Leben ein richtiges Gehalt gehabt. Er hat sein Leben mit dem Schreiben von Büchern und Geschichten verbracht; seine Frau war diejenige, die arbeiten ging.

Er fragt seine Mutter nach den Büchern von Onkel Albert aus. Sie hat eins davon vor langer Zeit gelesen, kann sich aber nicht daran erinnern. »Sie sind sehr altmodisch. Die Leute lesen heute solche Bücher nicht mehr.«

Zwei Bücher von Onkel Albert findet er in der Abstellkammer, gedruckt auf dem gleichen dicken Papier wie *Ewige Genesing*, aber in braunem Einband, vom gleichen Braun wie die Bänke auf Bahnhöfen. Das eine heißt *Kain*, das andere *Die Sondes van die vaders*, Die Sünden der Väter. »Kann ich die mitnehmen?« fragt er die Mutter. »Bestimmt«, sagt sie. »Keiner wird sie vermissen.«

Er versucht, *Die Sondes van die vaders* zu lesen, kommt aber nicht weiter als Seite zehn, es ist zu langweilig.

»Du mußt deine Mutter lieben und sie unterstützen.« Er grübelt über Tante Annies Belehrungen. *Lieben* – ein Wort, das er mit Widerwillen ausspricht. Sogar seine Mutter hat gelernt, nicht *Ich liebe dich* zu ihm zu sagen, obwohl sie ab und an beim Gutenachtsagen ein weiches *mein Lieber* einfließen läßt.

Für ihn hat die Liebe keinen Sinn. Wenn sich in Filmen Männer und Frauen küssen und Violinen leise und schmelzend im Hintergrund spielen, windet er sich auf seinem Sitz. Er schwört, daß er nie so sein wird: weich, schmachtend.

Er läßt sich nicht küssen, außer von den Schwestern seines Vaters, und für die macht er eine Ausnahme, weil sie es so gewohnt sind und es nicht anders verstehen. Das Küssen gehört zum Preis, den er dafür zahlt, auf die Farm zu kommen; eine schnelle Berührung ihrer Lippen, die zum Glück immer trocken sind, durch seine. In der Familie seiner Mutter küßt man sich nicht. Und auch Mutter und Vater hat er sich nicht richtig küssen sehen. Manchmal, wenn andere Leute da sind und sie aus irgendeinem Grund etwas vorspielen müssen, küßt der Vater die Mutter auf die Wange. Sie bietet ihm zögernd die Wange, ärgerlich, als zwinge man sie; sein Kuß ist leicht, schnell, nervös.

Nur einmal hat er den Penis seines Vaters gesehen. Das

war 1945, als der Vater gerade aus dem Krieg gekommen war und die ganze Familie in Voëlfontein versammelt war. Der Vater und zwei seiner Brüder gingen auf die Jagd und nahmen ihn mit. Es war ein heißer Tag; als sie an ein Wasserreservoir kamen, beschlossen sie zu schwimmen. Als er merkte, daß sie nackt schwimmen wollten, versuchte er sich zurückzuziehen, aber sie wollten ihn nicht in Frieden lassen. Sie waren lustig und voller Scherze; sie wollten, daß er sich auszog und auch schwamm, aber er mochte nicht. Da sah er alle drei Penisse, den seines Vaters am deutlichsten, blaß und weiß. Er erinnert sich noch deutlich daran, wie widerwärtig es ihm war, daß er sie anschauen mußte.

Seine Eltern schlafen in getrennten Betten. Sie haben nie ein Doppelbett gehabt. Das einzige Doppelbett, das er gesehen hat, ist auf der Farm, im Hauptschlafzimmer, wo der Großvater und die Großmutter zu schlafen pflegten. Er hält Doppelbetten für altmodisch, sie gehören zu der Zeit, als die Frauen jedes Jahr ein Kind gebaren, wie die Mutterschafe oder Sauen. Er ist dankbar, daß seine Eltern diese Angelegenheit hinter sich gebracht hatten, ehe er darüber Bescheid wußte.

Er ist bereit zu glauben, daß vor langer Zeit, in West-Victoria, ehe er geboren wurde, seine Eltern sich liebten, da Liebe eine Voraussetzung fürs Heiraten zu sein scheint. Es gibt Fotos im Album, die das offenbar bezeugen: die beiden dicht beisammen beim Picknick, zum Beispiel. Doch das alles muß schon vor Jahren aufgehört haben, und er denkt, daß das auch besser für sie alle ist.

Was nun ihn angeht, was hat das heftige und zornige Gefühl, das er für seine Mutter spürt, mit dem Geschmachte auf der Leinwand zu tun? Die Mutter liebt ihn, das gibt er zu; doch das ist ja das Problem, das ist es ja gerade, was falsch und nicht richtig ist, falsch an ihrer Haltung ihm gegenüber. Ihre Liebe zeigt sich vor allem in ihrer Wachsamkeit, ihrer Bereitschaft, hinzuzuspringen und ihn zu retten, sollte er je in Gefahr sein. Wenn er wollte (aber er würde das nie wollen), könnte er sich in ihrer Fürsorge ausruhen und für den Rest seines Lebens von ihr getragen werden. Weil er sich ihrer Fürsorge so sicher ist, nimmt er sich ihr gegenüber so in Acht, entspannt nie, gibt ihr nie eine Chance.

Er sehnt sich danach, ihrer steten Aufmerksamkeit zu entgehen. Es kommt vielleicht die Zeit, wenn er, um das zu erreichen, sich durchsetzen und sie so brutal zurückstoßen muß, daß sie schockiert zurückweichen und ihn freigeben muß. Doch er braucht nur an diesen Augenblick zu denken, sich ihren überraschten Blick vorzustellen, ihr Verletztsein zu spüren, und er wird von Schuldgefühlen übermannt. Dann tut er alles, um den Schlag zu mildern – sie zu trösten, ihr zu versprechen, er wird nie weggehen.

Da er ihr Verletztsein spürt, so genau, als sei er ein Teil von ihr und sie ein Teil von ihm, weiß er, daß er in der Falle sitzt und nicht heraus kann. Wer ist daran schuld? Er gibt ihr die Schuld, er ist wütend auf sie, doch er schämt sich auch wegen seiner Undankbarkeit. *Liebe* – das bedeutet Liebe wirklich, dieser Käfig, in dem er hin- und herläuft, hin und her, wie ein armer verstörter Pavian. Was versteht schon die törichte, unschuldige Tante Annie von der Liebe? Er weiß tausendmal mehr von der Welt als sie, die ihr Leben verschwendet hat, als sie sich mit dem verrückten Manuskript ihres Vaters abrackerte. Sein Herz ist alt, es ist finster und hart, ein Herz von Stein. Das ist sein verächtliches Geheimnis.

Fünfzehn

Seine Mutter war ein Jahr auf der Universität, ehe sie den Platz für die jüngeren Brüder räumen mußte. Der Vater ist ausgebildeter Rechtsanwalt; er arbeitet nur deshalb für *Standard Canners*, weil die Eröffnung einer eigenen Praxis (wie die Mutter ihm sagt) mehr Geld kosten würde, als sie zur Verfügung haben. Obwohl er seinen Eltern Vorwürfe macht, weil sie ihn nicht wie ein normales Kind erzogen haben, ist er stolz auf ihre Bildung.

Weil sie zu Hause Englisch sprechen, weil er immer der Klassenerste in Englisch ist, hält er sich für einen Engländer. Obwohl sein Nachname afrikaans ist, obwohl der Vater mehr Afrikaaner als Engländer ist, obwohl er selbst Afrikaans ohne englischen Akzent spricht, würde er keinen Augenblick als Afrikaaner durchgehen. Sein Afrikaans ist dünn und blutarm; echten Afrikaanerjungen steht eine ganze Welt von Jargonwörtern und Anspielungen zur Verfügung – wovon obszöne Wörter nur ein Teil sind –, zu der er keinen Zugang hat.

Die Afrikaaner verbindet auch eine gemeinsame Art – sie sind verdrießlich, unversöhnlich und drohen immer gleich, handgreiflich zu werden (für ihn sind sie wie Rhinozerosse, riesig, plump, kraftvoll rempeln sie sich im Vorbeigehen an) –, die er nicht hat und vor der er eigentlich zurückschreckt. Sie setzen ihre Sprache wie eine Keule gegen ihre Gegner ein. Auf der Straße ist es besser, wenn man um Gruppen von ihnen einen Bogen macht; sogar als Einzelwesen haben sie etwas Aufsässiges, Drohendes an sich. Manchmal sucht er beim morgendlichen Appell der Klassen im Schulhof die Reihen der Afrikaanerjungen nach einem ab, der anders ist, der einen Anflug von Weichheit hat; doch es gibt keinen. Undenkbar, daß er jemals unter sie geworfen werden sollte – sie würden ihn zermalmen, seinen Geist töten.

Doch zu seiner Überraschung stellt er fest, daß er ihnen das Afrikaans nicht allein überlassen will. Er kann sich noch an seinen ersten Besuch auf Voëlfontein erinnern, als er vier oder fünf Jahre alt war und überhaupt kein Afrikaans beherrschte. Sein Bruder war noch ein Kleinkind und blieb zum Schutz vor der Sonne im Haus; er hatte niemanden als Spielkameraden außer den farbigen Kindern. Mit ihnen machte er Boote aus Samenkapseln und ließ sie die Bewässerungsgräben hinunterschwimmen. Aber er war wie ein stummes Wesen – alles mußte mit Gebärden ausgedrückt werden; manchmal glaubte er, daß er vor lauter Dingen, die er nicht sagen konnte, platzen würde. Dann machte er eines Tages plötzlich den Mund auf und stellte fest, daß er sprechen konnte, leicht und fließend und ohne Pause zum Nachdenken. Er weiß noch, wie er bei seiner Mutter hereinplatzte und brüllte: »He! Ich kann Afrikaans!«

Wenn er Afrikaans spricht, scheinen plötzlich alle Komplikationen des Lebens von ihm abzufallen. Afrikaans ist wie eine gespenstische zweite Haut, die er überallhin mitnimmt und in die er schlüpfen kann, wodurch er sofort zu einer anderen Person wird, schlichter, fröhlicher, leichtfüßiger.

Eine Sache, in der ihn die Engländer enttäuschen, wo er

ihnen nicht folgen will, ist ihre Verachtung für Afrikaans. Wenn sie die Augenbrauen hochziehen und Afrikaans-Wörter hochnäsig falsch aussprechen, als würde man einen Gentleman daran erkennen, daß er *Veld* mit einem englischen *v* ausspricht, zieht er sich zurück vor ihnen – sie irren sich, und schlimmer noch, sie machen sich lächerlich. Er hingegen macht keine Zugeständnisse, nicht einmal in der Gesellschaft von Engländern – er spricht die Afrikaans-Wörter aus, wie sie ausgesprochen werden sollten, mit all ihren harten Konsonanten und schwierigen Vokalen.

In seiner Klasse gibt es neben ihm noch mehrere Jungen mit Afrikaans-Familiennamen. In den Afrikaanerklassen andererseits gibt es keine Jungen mit englischen Familiennamen. In der Oberstufe weiß er von einem Afrikaaner Smith, der genauso gut Smit heißen könnte; das ist alles. Das ist schade, aber gut zu verstehen: welcher Engländer würde denn eine Afrikaanerfrau heiraten und eine Afrikaans-Familie haben wollen, wo doch die Afrikaanerfrauen entweder groß und dick sind, einen mächtigen Vorbau und Hälse wie Ochsenfrösche haben oder knochige Vogelscheuchen sind.

Er dankt Gott dafür, daß seine Mutter Englisch spricht. Aber dem Vater traut er nicht, trotz Shakespeare und Wordsworth und dem Kreuzworträtsel in der *Cape Times*. Er begreift nicht, warum der Vater sich weiter Mühe gibt, hier in Worcester Engländer zu sein, wo es doch für ihn so einfach wäre, wieder in seine Existenz als Afrikaaner zu schlüpfen. Wenn er seinen Vater mit den Brüdern Scherze über ihre Kindheit in Prince Albert austauschen hört, bekommt er den Eindruck, als unterscheide sich das nicht vom Leben eines Afrikaaners in Worcester. Auch da stehen Prügel und Nacktheit, körperliche Verrichtungen vor anderen Jungen, primitive Nichtachtung der Privatsphäre im Mittelpunkt.

Der Gedanke daran, zum Afrikaaner gemacht zu werden, mit geschorenem Kopf und ohne Schuhe, läßt ihn verzagen. Es gleicht einer Gefängnisstrafe, einer Verdammung zu einem Leben ohne Privatsphäre. Ohne Privatsphäre kann er nicht leben. Wenn er Afrikaaner wäre, müßte er jede Minute bei Tag und bei Nacht in der Gesellschaft anderer verbringen. Das ist eine Aussicht, die er nicht ertragen kann.

Er denkt an die drei Tage im Pfadfinderlager zurück, erinnert sich an sein Elend, sein stets frustriertes Verlangen, sich ins Zelt zu schleichen und allein ein Buch zu lesen.

Eines Samstags schickt ihn der Vater nach Zigaretten. Er hat die Wahl, entweder die ganze Strecke bis zum Stadtzentrum zu radeln, wo es ordentliche Geschäfte mit Schaufenstern und Registrierkassen gibt, oder zum kleinen Afrikaans-Laden beim Eisenbahnübergang zu laufen, der nur aus einem Hinterzimmer in einem Wohnhaus besteht, der einen dunkelbraun gestrichenen Ladentisch und fast nichts in den Regalen hat. Er entscheidet sich für das Nächstgelegene.

Es ist ein heißer Nachmittag. Im Laden hängen *biltong*-Streifen von der Decke, und überall sind Fliegen. Gerade will er dem Jungen hinter dem Ladentisch – einem Afrikaaner, älter als er selbst – sagen, daß er zwanzig Springbok ohne Filter haben will, als ihm eine Fliege in den Mund gerät. Er spuckt sie voller Abscheu aus. Die Fliege liegt vor ihm auf dem Ladentisch und kämpft in einer Speichelpfütze.

»*Sies!*« sagt einer der Kunden.

Er will protestieren: »Was soll ich denn machen? Soll ich nicht ausspucken? Soll ich die Fliege runterschlucken? Ich bin bloß ein Kind!« Aber Erklärungen gelten nichts bei diesen gnadenlosen Leuten. Mit der Hand wischt er den Speichel vom Ladentisch und bezahlt für die Zigaretten, umgeben von mißbilligendem Schweigen.

Bei ihren Erinnerungen an die alten Tage auf der Farm kommen der Vater und seine Brüder wieder einmal auf ihren eigenen Vater zu sprechen. »*'n Ware ou jintlman!*« sagen sie, ein richtiger alter Gentleman, ihre Formel für ihn wiederholend, und lachen: »*Dis wat hy op sy grafsteen sou gewens het*: Ein Farmer und ein Gentleman« – das hätte er gern auf seinem Grabstein gehabt. Am meisten lachen sie darüber, daß ihr Vater weiter Reitstiefel trug, wo doch alle anderen auf der Farm *velskoen* trugen.

Die Mutter, die ihnen zuhört, schnaubt zornig. »Vergeßt nicht, welche Angst ihr vor ihm hattet«, sagt sie. »Ihr habt euch nicht getraut, in seiner Gegenwart eine Zigarette anzuzünden, selbst als ihr erwachsene Männer wart.«

Sie sind verlegen, sie haben nichts darauf zu erwidern – sie hat deutlich einen wunden Punkt angesprochen.

Sein Großvater, der mit den Gentleman-Allüren, besaß einst nicht nur die Farm und zur Hälfte das Hotel und eine Gemischtwarenhandlung in Fraserburg Road, sondern noch ein Haus in Merweville mit einem Fahnenmast davor, an dem er zum Geburtstag des Königs den Union Jack hißte.

»*'n Ware ou jintlman en 'n ware ou jingo!*« sagen die Brüder noch – ein richtiger alter Hurrapatriot! Wieder lachen sie.

Die Mutter schätzt sie richtig ein. Sie hören sich an wie Kinder, die hinter dem Rücken des Vaters ungezogene Dinge sagen. Mit welchem Recht machen sie sich denn über ihren Vater lustig? Wenn er nicht gewesen wäre, würden sie überhaupt kein Englisch sprechen – sie wären wie ihre Nachbarn, die Botes und die Nigrinis, dumm und schwerfällig, ohne ein anderes Gesprächsthema als Schafe und das Wetter. Wenigstens fliegen Scherze in einem Sprachmischmasch hin und her, und es wird gelacht, wenn die Familie zusammenkommt; während die Atmosphäre sofort ernst und schwer und trist wird, wenn die Nigrinis oder die Botes zu Besuch kommen. »*Ja-nee*«, sagen die Botes und seufzen. »*Ja-nee*«, sagen die Coetzees und hoffen inständig, daß ihre Gäste bald wieder verschwinden.

Und was ist mit ihm? Wenn der von ihm verehrte Großvater ein Hurrapatriot war, ist er selber auch einer? Kann ein Kind ein Hurrapatriot sein? Er steht gerade, wenn im Kino *God Save the King* gespielt wird und auf der Leinwand der Union Jack weht. Bei Dudelsackmusik läuft ihm ein Schauer über den Rücken, wie auch bei Wörtern wie *stalwart* (standhaft) und *valorous* (tapfer). Sollte er das geheimhalten, diese seine Sympathie für England?

Er kann nicht verstehen, warum so viele Menschen aus seiner Umgebung England hassen. England ist Dünkirchen und der Luftkampf um Großbritannien. England bedeutet, daß man seine Pflicht tut und sein Schicksal annimmt, still und ohne Aufsehen. England ist der Junge im Kampf um Jütland, der bei seinen Kanonen blieb, während das Deck unter ihm brannte. England ist Sir Lancelot vom See und Richard Löwenherz und Robin Hood mit seinem Langbogen aus Eibenholz und seinem Lincoln-grünen Anzug. Was haben die Afrikaaner Vergleichbares? Dirkie Uys, der sein Pferd ritt, bis es tot umfiel. Piet Retief, der von Dingaan zum Narren gehalten wurde. Und dann die Voortrekkers, die Rache übten, indem sie Tausende Zulus niederschossen, die keine Gewehre hatten, und noch stolz darauf waren.

In Worcester gibt es eine anglikanische Kirche und einen Pfarrer mit grauem Haar und einer Pfeife, der auch als Pfadfinderführer fungiert und den einige der englischen Jungen in seiner Klasse – die echten englischen Jungen, mit englischen Familiennamen und Wohnungen im alten, grünen Teil von Worcester – familiär Pater nennen. Wenn die Engländer so reden, verstummt er. Da ist die englische Sprache, die er mit Leichtigkeit beherrscht. Da ist England und alles, wofür England steht, dem er ergeben zu sein glaubt. Aber es wird deutlich mehr verlangt, ehe man als echter Engländer akzeptiert wird: es gibt Prüfungen, und er weiß, daß er einige davon nicht bestehen wird.

Sechzehn

Eine Abmachung ist am Telefon getroffen worden, er weiß nicht welche, doch es beunruhigt ihn. Ihm gefällt das selbstzufriedene, geheimnistuerische Lächeln nicht, das seine Mutter zeigt, das Lächeln, das besagt, daß sie sich in seine Angelegenheiten eingemischt hat.

Es sind die letzten Tage vor ihrem Wegzug aus Worcester. Es sind auch die besten Tage des Schuljahres, wenn die Prüfungen vorüber sind und nichts zu tun bleibt, als dem Lehrer beim Ausfüllen des Zensurenhefts zu helfen.

Mr. Gouws liest Listen mit Zensuren vor; die Jungen rechnen sie zusammen, Fach für Fach, dann rechnen sie die Prozentzahlen aus und wetteifern darum, als erster die Hand zu heben. Das Spiel ist, zu erraten, welche Zensuren zu wem gehören. Im allgemeinen kann er seine Zensuren als eine Zahlenreihe erkennen, die sich in Arithmetik zu neunzig und hundert Punkten aufschwingt und in Geschichte und Geographie bis auf siebzig Punkte absinkt.

In Geschichte und Geographie ist er nicht so gut, weil er das Auswendiglernen haßt. Er haßt es so sehr, daß er das Lernen für Geschichts- und Geographieprüfungen bis zur letzten Minute aufschiebt, bis zur Nacht vor der Prüfung oder sogar zum Morgen der Prüfung. Er haßt sogar den Anblick des Geschichtslehrbuches mit seinem steifen schokoladenbraunen Einband und seiner langen Liste von Ursachen für etwas (die Ursachen für die Napoleonischen Kriege, die Ursachen für den Großen Treck). Seine Verfasser heißen Taljaard und Schoeman. Er stellt sich Taljaard als dünn und vertrocknet vor, Schoeman als beleibt, mit schütterem Haar und Brille; Taljaard und Schoeman sitzen sich an einem Tisch in einem Zimmer in Paarl gegenüber und schreiben übellaunige Seiten und schieben sie sich zu. Er kann sich keinen anderen Grund dafür vorstellen, daß sie ihr Buch in Englisch verfaßt haben, als daß sie den *Engelse* Kindern eine Lektion erteilen wollten.

Geographie ist nicht besser – Listen von Städten, von Flüssen, von Produkten. Wenn er aufgefordert wird, die Produkte eines Landes zu nennen, beendet er seine Aufzählung immer mit Fellen und Häuten und hofft, daß er recht hat. Er kennt den Unterschied zwischen Fellen und Häuten nicht, den kennt auch sonst keiner.

Und was die Prüfungen sonst angeht, so freut er sich nicht gerade auf sie, aber wenn die Zeit gekommen ist, stürzt er sich willig hinein. Er ist ein Prüfungsmensch; wenn es keine Prüfungen gäbe, bei denen er sich hervortun könnte, gäbe es kaum etwas Besonderes an ihm. Prüfungen versetzen ihn in einen Rauschzustand, in dem er vor Erregung zittert und in dem er schnell und selbstbewußt schreibt. Er liebt diesen Zustand nicht um seiner selbst willen, aber es ist beruhigend zu wissen, daß man ihn bei Bedarf nutzen kann.

Manchmal kann er, wenn er zwei Steine gegeneinanderschlägt, diesen Zustand provozieren, diesen Geruch, diesen Geschmack: Pulver, Eisen, Hitze, ein unablässiges Pochen in den Adern.

Das Geheimnis hinter dem Telefonanruf und hinter dem Lächeln seiner Mutter offenbart sich in der Vormittagspause, als Mr. Gouws ihn auffordert, noch etwas zu bleiben. An Mr. Gouws Gehabe ist etwas Unnatürliches, eine Freundlichkeit, der er mißtraut.

Mr. Gouws möchte ihn zum Tee zu sich nach Hause einladen. Stumm nickt er und prägt sich die Adresse ein.

Er möchte das nicht. Nicht etwa, daß ihm Mr. Gouws unsympathisch ist. Wenn er zu ihm nicht so viel Vertrauen hat, wie er in der vierten Klasse Vertrauen zu Mrs. Sanderson hatte, dann nur, weil Mr. Gouws ein Mann ist, der erste Lehrer, den er gehabt hat, und er ist auf der Hut vor etwas, was von allen Männern ausgeht: eine Unruhe, eine kaum gezügelte Roheit, eine Andeutung von Vergnügen an der Grausamkeit. Er weiß nicht, wie er sich Mr. Gouws oder Männern gegenüber verhalten soll, ob er ihnen keinen Widerstand entgegensetzen und sich um ihre Anerkennung bemühen soll, oder ob er eine Barriere der Förmlichkeit aufrechterhalten soll. Frauen sind einfacher, weil sie freundlicher sind. Aber Mr. Gouws – das kann er nicht leugnen – ist so fair, wie nur denkbar. Sein Englisch ist gut, und er scheint keinen Groll gegen die Engländer oder gegen Jungen aus Afrikaans-Familien, die lieber englisch sein wollen, zu hegen. Während einer seiner vielen Fehlzeiten hat Mr. Gouws die Grammatik der Prädikatsergänzungen durchgenommen. Er hat Mühe, den Lehrstoff der Prädikatsergänzungen aufzuholen. Wenn die Prädikatsergänzungen wie die Redewendungen nicht sinnvoll wären, dann würden die anderen auch Probleme mit ihnen haben. Doch die anderen, oder die meisten von ihnen, scheinen die Prädikatsergänzungen mühelos zu beherrschen. Man kann nicht umhin festzustellen: Mr. Gouws weiß etwas über die englische Grammatik, was er nicht weiß.

Mr. Gouws macht genauso häufig Gebrauch vom Rohrstock wie jeder andere Lehrer. Aber seine bevorzugte Bestrafung, wenn die Klasse zu lange zu laut gewesen ist, besteht im Befehl, die Stifte hinzulegen, die Bücher zu schließen, die Hände hinterm Kopf zu verschränken, die Augen zu schließen und absolut still dazusitzen.

Außer den Schritten des die Reihen auf- und abschreitenden Mr. Gouws herrscht vollkommene Stille im Raum. Von den Eukalyptusbäumen um den Schulhof dringt das friedliche Gurren der Tauben. Das ist eine Strafe, die er ewig mit Gleichmut ertragen könnte: die Tauben, das leise Atmen der Jungen um ihn herum.

Die Disa Road, wo Mr. Gouws wohnt, ist auch in Reunion Park, in dem neuen, nördlichen Zipfel der Siedlung, den er nie erkundet hat. Nicht genug, daß Mr. Gouws in Reunion Park wohnt und auf einem Rad mit breiten Reifen zur Schule fährt – er ist verheiratet mit einer einfachen, dunklen Frau, und was noch erstaunlicher ist, er hat zwei kleine Kinder. Das entdeckt er im Wohnzimmer der Disa Road 11, wo Teekuchen und eine Kanne Tee auf dem Tisch stehen und wo er, wie befürchtet, mit Mr. Gouws allein gelassen wird und eine verzweifelte, gekünstelte Unterhaltung führen muß.

Es kommt noch schlimmer. Mr. Gouws – der statt Schlips und Jackett jetzt Shorts und Khakisocken trägt – versucht ihm gegenüber so zu tun, als ob sie beide jetzt, wo das Schuljahr vorbei ist und er Worcester bald verlassen wird, Freunde sein können. Er versucht ihm allen Ernstes einzureden, daß sie das ganze Jahr über schon Freunde gewesen sind – der Lehrer und der klügste Junge, der Klassenerste.

Er wird nervös und steif. Mr. Gouws bietet ihm einen zweiten Teekuchen an, den er ablehnt. »Na los!« sagt Mr.

Gouws und lächelt und legt ihn trotzdem auf seinen Teller. Er möchte weg.

Er hatte aus Worcester weggehen wollen, wenn alles seine Ordnung hatte. Er war bereit gewesen, Mr. Gouws in seiner Erinnerung einen Platz neben Mrs. Sanderson einzuräumen – nicht ganz auf einer Stufe mit ihr, aber ganz nah. Und nun verdirbt es Mr. Gouws. Würde er es nur nicht tun.

Der zweite Teekuchen liegt ungegessen auf dem Teller. Er will nicht mehr heucheln – er wird stumm und stur. »Mußt du jetzt gehen?« fragt Mr. Gouws. Er nickt. Mr. Gouws steht auf und bringt ihn bis zur Gartentür, die eine Kopie der Tür in der Pappelallee 12 ist und genauso schrill kreischt.

Wenigstens ist Mr. Gouws vernünftig genug, ihn nicht zum Händeschütteln oder zu etwas anderem Dummen zu animieren.

Die Entscheidung, aus Worcester wegzuziehen, hat mit *Standard Canners* zu tun. Sein Vater hat entschieden, daß seine Zukunft nicht bei *Standard Canners* liegt, mit denen es abwärts geht, wenn man ihm glauben will. Er wird sich wieder der Anwaltstätigkeit zuwenden.

Es gibt eine Abschiedsparty im Büro, von der er mit einer neuen Uhr zurückkommt. Kurz darauf macht er sich auf nach Kapstadt, allein, und läßt die Mutter zur Überwachung des Umzuges zurück. Sie heuert eine Firma namens Retief an und handelt aus, daß für fünfzehn Pfund nicht nur der ganze Hausrat, sondern auch sie – im Fahrerhaus – befördert werden.

Retiefs Männer beladen den Möbelwagen, die Mutter und der Bruder klettern ins Fahrerhaus. Er macht zum Abschied eine letzte Runde durch das leere Haus. Hinter der Haustür ist der Schirmständer, in dem normalerweise zwei Golfschläger und ein Spazierstock stehen, leer. »Die haben den Schirmständer vergessen!« schreit er. »Komm!« ruft die Mutter. »Laß den alten Schirmständer!« »Nein!« schreit er zurück und will nicht weichen, bis die Männer den Schirmständer geholt haben. »*Dis net 'n ou stuk pyp*«, brummelt Retief – Es ist bloß ein altes Stück Rohr.

So erfährt er, daß das, was er für einen Schirmständer gehalten hat, nur ein Stück Abflußrohr aus Beton ist, das die Mutter angeschleppt und grün gestrichen hat. Das also nehmen sie mit nach Kapstadt, zusammen mit dem Kissen voller Hundehaare, auf dem Cossack immer geschlafen hat, und der Rolle Maschendraht vom Hühnerauslauf und der Maschine, die Kricketbälle verschießt und dem Holzstock mit dem Morsecode. Wie sich Retiefs Möbelwagen zum Bain's Kloof Paß hinaufmüht, gleicht er Noahs Arche, weil er die Siebensachen ihres alten Lebens rettet.

In Reunion Park haben sie zwölf Pfund monatlich für ihr Haus bezahlt. Das Haus, das sein Vater in Plumstead gemietet hat, kostet fünfundzwanzig Pfund. Es liegt am äußersten Rand von Plumstead und blickt auf eine weite Sandfläche mit Akaziengebüsch, wo die Polizei nur eine Woche nach ihrer Ankunft ein totes Baby in einem Packpapierpäckchen findet. Eine halbe Stunde zu Fuß in die andere Richtung befindet sich der Bahnhof von Plumstead. Das Haus selbst ist wie alle Häuser in der Evremonde Road ein Neubau, mit Panoramafenstern und Parkettfußböden. Die Türen sind verzogen, die Schlösser schließen nicht, im Hinterhof ist ein Schutthaufen.

Nebenan wohnt ein Ehepaar, das frisch aus England gekommen ist. Der Mann wäscht immerzu sein Auto; die Frau, mit roten Shorts und Sonnenbrille, verbringt ihre Tage im Liegestuhl und bräunt sich die langen weißen Beine.

Die dringendste Aufgabe ist jetzt, Schulen für ihn und seinen Bruder zu finden. Kapstadt ist nicht wie Worcester, wo alle Jungen in die Knabenschule und alle Mädchen in die Mädchenschule gingen. In Kapstadt kann man zwischen verschiedenen Schulen wählen. Aber um in eine gute Schule aufgenommen zu werden, braucht man Beziehungen, und sie haben nur wenige Beziehungen.

Durch den Einfluß von Lance, des Bruders der Mutter, bekommen sie einen Termin im Rondebosch-Knabengymnasium. Anständig bekleidet mit Shorts, Hemd und Schlips und marineblauem Blazer, der das Emblem der Knabenschule von Worcester auf der Brusttasche hat, sitzt er mit der Mutter auf einer Bank vor dem Büro des Direktors. Als sie an der Reihe sind, werden sie in ein holzgetäfeltes Zimmer voller Fotos von Rugby- und Cricketmannschaften gebeten. Die Fragen des Direktors sind alle an die Mutter gerichtet: wo sie wohnen, was der Vater macht. Dann kommt der Augenblick, auf den er gewartet hat. Aus ihrer Handtasche holt sie das Zeugnis, das belegt, daß er der Klassenerste war, und das ihm deshalb alle Türen öffnen sollte.

Der Direktor setzt seine Lesebrille auf. »Du warst also der Klassenerste«, sagt er. »Gut, gut! Aber hier wird es dir nicht so leicht gemacht werden.«

Er hatte gehofft, daß man ihn prüfen würde, ihn nach der Jahreszahl der Schlacht am Blood River fragen würde, oder, noch besser, ihm einige Kopfrechenaufgaben stellen würde. Aber das ist schon alles, das Gespräch ist vorbei. »Ich kann nichts versprechen«, sagt der Direktor. »Wir setzen seinen Namen auf die Warteliste, und dann müssen wir hoffen, daß jemand zurücktritt.«

Sein Name wird in drei Schulen auf die Warteliste gesetzt, erfolglos. Der Klassenerste in Worcester zu sein, ist offensichtlich nicht gut genug für Kapstadt.

Die letzte Zuflucht ist die Katholische St.-Joseph-Schule. St. Joseph hat keine Warteliste – sie nehmen jeden, der ihre Gebühren zu zahlen bereit ist, die für Nichtkatholiken zwölf Pfund im Vierteljahr betragen.

Was ihnen, ihm und seiner Mutter, nachdrücklich klargemacht wird, ist, daß in Kapstadt verschiedene Klassen von Menschen verschiedene Schulen besuchen. Die St.-Joseph-Schule ist zuständig für, wenn nicht die unterste, so doch die zweitunterste Klasse. Daß sie es nicht geschafft hat, den Sohn in eine bessere Schule hineinzubringen, verbittert die Mutter, regt ihn jedoch nicht auf. Er ist sich nicht sicher, welcher Klasse sie angehören, wo sie hingehören. Im Moment reicht es ihm, einfach über die Runden zu kommen. Die Gefahr, in eine Afrikaanerschule geschickt und gezwungen zu werden, wie ein Afrikaaner zu leben, hat abgenommen – nur das zählt. Er kann sich entspannen. Er muß sich nicht einmal weiter als Katholiken ausgeben.

Die echten Engländer besuchen keine Schule wie St. Joseph. Aber auf den Straßen von Rondebosch kann er sie jeden Tag sehen, unterwegs zu ihren Schulen oder auf dem Nachhauseweg, kann ihr glattes blondes Haar und den goldenen Teint bewundern, ihre Sachen, die nie zu klein oder zu groß sind, ihr ruhiges Selbstvertrauen. Sie hänseln sich unbefangen, ohne die Roheit und Plumpheit, die er kennt. Er hat nicht den Ehrgeiz, sich zu ihnen zu gesellen, doch er beobachtet sie und versucht, sich etwas abzugucken.

Die Jungen vom Diözesan-College, die am britischsten von allen sind und sich nicht einmal herablassen, zu Rugby- oder Cricketmatchs gegen St. Joseph anzutreten, wohnen in ausgesuchten Vierteln, von denen er, da sie weit entfernt von der Bahnstrecke liegen, nur hört und die er nie betritt: Bishopscourt, Fernwood, Constantia. Sie haben Schwestern, die Schulen wie Herschel und St. Cyprian besuchen und die sie liebenswürdig behüten und beschützen. In Worcester hat er kaum ein Mädchen angeschaut – seine Freunde schienen immer Brüder zu haben, keine Schwestern. Jetzt bekommt er zum ersten Mal die Schwestern der englischen Jungen zu sehen, so goldblond, so schön, daß er nicht glauben kann, daß sie von dieser Welt sind.

Um pünktlich 8.30 Uhr in der Schule zu sein, muß er 7.30 Uhr aus dem Haus gehen: eine halbe Stunde Fußweg zum Bahnhof, fünfzehn Minuten Bahnfahrt, fünf Minuten zu Fuß vom Bahnhof zur Schule, und ein Polster von zehn Minuten, falls es Verspätungen gibt. Weil er aber Angst vorm Zuspätkommen hat, geht er schon um sieben aus dem Haus und ist um acht in der Schule. Dort kann er im gerade vom Hausmeister aufgeschlossenen Klassenzimmer an seinem Tisch sitzen, den Kopf auf die Arme legen und warten.

In Alpträumen liest er die Uhrzeit falsch ab, verpaßt Züge, verläuft sich. In seinen Alpträumen weint er in hilfloser Verzweiflung.

Die Brüder De Freitas sind die einzigen, die noch vor ihm da sind. Ihr Vater, ein Gemüsehändler, setzt sie im Morgengrauen, wenn er mit seinem zerbeulten blauen Lastwagen unterwegs zum Salt-River-Großmarkt ist, an der Schule ab.

Die Lehrer an der St.-Joseph-Schule gehören dem Maristen-Orden an. Diese Brüder in ihren ernsten schwarzen Soutanen und weißen Stehkragen sind für ihn besondere Menschen. Ihre geheimnisvolle Aura beeindruckt ihn: das Geheimnis ihrer Herkunft, das Geheimnis der Namen, die sie abgelegt haben. Er mag es nicht, wenn Bruder Augustine, der Crickettrainer, zu den Trainingsstunden wie ein normaler Mensch in weißem Hemd und schwarzen Hosen und Cricketschuhen kommt. Besonders mißfällt ihm, wenn Bruder Augustine als Schlagmann an der Reihe ist und sich einen Schutz, ein »Suspensorim«, in die Hose schiebt.

Er weiß nicht, was die Brüder machen, wenn sie nicht unterrichten. Zu dem Flügel des Schulgebäudes, wo sie schlafen, essen und ihr Privatleben führen, ist der Zutritt verboten; er hat nicht den Wunsch, da einzudringen. Er würde gern glauben, daß sie dort ein strenges Leben führen, um vier Uhr früh aufstehen, Stunden im Gebet zubringen, genügsam essen, ihre eigenen Socken stopfen. Wenn sie sich schlecht benehmen, tut er sein Bestes, um sie zu entschuldigen. Wenn zum Beispiel Bruder Alexis, der fett und unrasiert ist, unzivilisiert einen fahren läßt und in der Afrikaans-Stunde einschläft, erklärt er sich das, indem er sagt, Bruder Alexis ist ein intelligenter Mann, für den das Unterrichten unter seiner Würde ist. Wenn Bruder Jean-Pierre plötzlich als Aufseher im Schlafsaal der jüngeren Schüler abgelöst wird und das von Geschichten begleitet wird, daß er was mit kleinen Jungen hatte, dann verdrängt er diese Geschichten einfach. Für ihn ist es unvorstellbar, daß geistliche Brüder sexuelle Bedürfnisse haben und ihnen nicht widerstehen sollten.

Da nur wenige der Brüder Englisch als Muttersprache sprechen, hat man einen katholischen Laien für die Englischstunden eingestellt. Mr. Whelan ist Ire – er haßt die Engländer und verbirgt seine Abneigung gegenüber Protestanten kaum. Er bemüht sich auch nicht um korrekte Aussprache der Afrikaans-Namen und bringt sie mit abschätzig geschürzten Lippen hervor, als wären sie heidnisches Kauderwelsch.

Die meiste Zeit des Englischunterrichts geht mit Shakespeares *Julius Cäsar* drauf, und Mr. Whelans Methode ist dabei, den Jungen Rollen zuzuteilen und sie ihren Text dann laut vorlesen zu lassen. Sie machen auch Übungen aus dem Grammatiklehrbuch und schreiben jede Woche einen Aufsatz. Sie bekommen dreißig Minuten, um ihren Aufsatz zu schreiben, bevor sie ihn abliefern müssen; in den verbleibenden zehn Minuten liest und zensiert Mr. Whelan alle Aufsätze, da er nichts davon hält, Arbeit mit nach Hause zu nehmen. Seine zehnminütigen Benotungsverfahren sind zu einer Attraktion geworden, und die Jungen schauen mit bewunderndem Lächeln zu. Einen blauen Stift schreibbereit in der Hand, durchforstet Mr. Whelan den Stapel von Aufsätzen. Wenn er am Ende seiner Vorstellung die Aufsatz-Hefte auf einen Stoß ausrichtet und sie dem Aufsichtsschüler zum Austeilen gibt, hört man kurz gedämpften, ironischen Beifall.

Mr. Whelans Vorname ist Terence. Er trägt eine braune Motorradlederjacke und einen Hut. Wenn es kalt ist, behält er den Hut auf, sogar drinnen. Er reibt die blassen weißen Hände aneinander, um sie zu erwärmen; er hat das blutleere Gesicht eines Leichnams. Was er in Südafrika macht, warum er nicht in Irland ist, weiß keiner. Das Land und alles, was hier geschieht, scheint ihm zu mißfallen.

Für Mr. Whelan schreibt er Aufsätze über den Charakter von Mark Anton, über den Charakter von Brutus, über Sicherheit im Straßenverkehr, über Sport, über die Natur. Die meisten seiner Aufsätze sind langweilige, mechanische Übungen; doch gelegentlich spürt er beim Schreiben eine plötzliche Erregung, und die Feder fliegt über die Seite. In einem seiner Aufsätze lauert ein Straßenräuber im Versteck an der Landstraße. Sein Pferd schnaubt leise, sein Atem dampft in der kalten Nachtluft. Ein Mondstrahl fällt wie ein Säbelhieb über sein Gesicht; er hat die Pistole unter dem Mantelaufschlag, um das Pulver trocken zu halten.

Der Straßenräuber macht keinen Eindruck auf Mr. Whelan. Seine blassen Augen eilen über die Seite, sein Stift stößt herab: 6 1/2. 6 1/2 ist die Zensur, die er fast immer für seine Aufsätze bekommt; nie mehr als 7. Schüler mit englischen Namen bekommen 7 1/2 oder 8. Trotz seines komischen Familiennamens bekommt ein Junge, der Theo Stavropoulos heißt, 8, weil er gut gekleidet ist und zur Sprecherziehung geht. Tony wird immer die Rolle des Mark Anton zugeteilt, was bedeutet, daß er »Mitbürger! Freunde! Römer! hört mich an« lesen muß, die berühmteste Rede im Stück.

In Worcester ist er in einem Zustand der Besorgnis, doch auch der Erregung zur Schule gegangen. Ja, er konnte jederzeit als Lügner entlarvt werden, mit schrecklichen Konsequenzen. Aber die Schule war faszinierend: jeder Tag schien neue Offenbarungen von Grausamkeit, Schmerz und Haß zu bringen, die hinter der banalen Oberfläche der Dinge wüteten. Was da vor sich ging, war unrecht, wußte er, sollte eigentlich nicht geschehen; und er war zu jung, zu kindisch und verletzlich für das, was ihm zugemutet wurde. Trotzdem ergriff ihn die Leidenschaft und die Wut jener Tage; er war entsetzt, aber er wollte auch unbedingt mehr erleben, alles erleben, was es zu erleben gab.

In Kapstadt hat er dagegen bald das Gefühl, daß er seine Zeit verschwendet. Die Schule ist nicht mehr der Ort, wo große Gefühle zur Schau getragen werden. Es ist eine zusammengeschrumpfte kleine Welt, ein mehr oder weniger moderates Gefängnis, in dem er genausogut Körbe flechten als sich der Schulroutine unterwerfen könnte. Kapstadt macht ihn nicht klüger, sondern dümmer. Bei dieser Erkenntnis steigt Panik in ihm auf. Wer er auch wirklich ist, das wahre »Ich«, das sich aus der Asche seiner Kindheit erheben sollte, kann nicht geboren werden, wird unterdrückt und gehemmt.

Dieses Gefühl ist am deprimierendsten im Unterricht von Mr. Whelan. Es gibt viel mehr, was er schreiben kann, als Mr. Whelan je zulassen wird. Das Schreiben für Mr. Whelan bedeutet nicht, daß er seine Flügel ausprobiert; im Gegenteil, es ist, als wenn er in sich zusammenkriecht, sich so klein und harmlos macht, wie er nur kann.

Er hat nicht den Wunsch, über Sport (*mens sana in corpore sano*) oder Sicherheit im Straßenverkehr zu schreiben, diese Themen sind für ihn so langweilig, daß er sich die Worte abringen muß. Er möchte nicht einmal über Straßenräuber schreiben; er hat so ein Gefühl, daß die Mondstrahlen, die auf ihre Gesichter fallen, und die weißen Knöchel der Hände, mit denen sie ihre Pistolenknäufe umklammern, sie mögen einen noch so großen Eindruck machen, nicht von ihm stammen, von irgendwo anders herkommen und schon abgenutzt sind. Was er schreiben würde, wenn er könnte, wenn es nicht Mr. Whelan lesen würde, wäre etwas Dunkleres, etwas, das, wenn es erst einmal aus seiner Feder zu fließen begänne, sich unkontrolliert über die Seite ausbreiten würde wie vergossene Tinte. Wie vergossene Tinte, wie Schatten, die über eine stille Wasserfläche huschen, wie Blitze, die über den Himmel zucken.

Mr. Whelan hat auch die Aufgabe, die nichtkatholischen Schüler von Klasse Sechs zu beschäftigen, während die katholischen Schüler Katechismusunterricht haben. Er soll eigentlich das Lukas-Evangelium mit ihnen lesen. Statt dessen hören sie immer wieder von Parnell und Roger Casement und der Niedertracht der Engländer. Aber einige Tage lang kommt Mr. Whelan mit der *Cape Times* in der Hand in die Klasse und kocht vor Wut über die neuesten Greueltaten der Russen in ihren Satellitenstaaten. »In ihren Schulen haben sie Atheismusstunden eingeführt, wo die Kinder gezwungen werden, auf das Kruzifix zu spucken«, donnert er. »Die ihrem Glauben treu bleiben, werden in berüchtigte Gefangenenlager gesteckt. Das ist die Realität des Kommunismus, der die Frechheit hat, sich die Religion vom Menschen zu nennen.«

Durch Bruder Otto hören sie von der Verfolgung der Christen in China. Bruder Otto ist nicht wie Mr. Whelan – er ist still, errötet leicht, muß dazu überredet werden, Geschichten zu erzählen. Aber seine Geschichten haben größere Autorität, weil er wirklich in China gewesen ist. »Ja, ich habe es mit eigenen Augen gesehen«, sagt er in seinem unbeholfenen Englisch, »Menschen in einer winzigen Zelle eingesperrt, so viele, daß sie keine Luft mehr bekamen und gestorben sind. Ich habe es gesehen.«

Ching-Chong-Chinamann, nennen die Jungen Bruder Otto hinter seinem Rücken. Für sie ist das, was Bruder Otto über China oder Mr. Whelan über Rußland erzählt, nicht realer als Jan van Riebeeck oder der Große Treck. Doch weil Jan van Riebeeck und der Treck auf dem Lehrplan von Klasse Sechs stehen und der Kommunismus nicht, kann, was in China und Rußland vor sich geht, ignoriert werden. China und Rußland sind nur Vorwände, um Bruder Otto oder Mr. Whelan zum Erzählen zu bringen.

Er für sein Teil ist beunruhigt. Er weiß, daß die Geschichten seiner Lehrer Lügen sein müssen, aber ihm fehlen die Mittel, es zu beweisen. Er ist unzufrieden, daß er wie gebannt dasitzen und ihnen zuhören muß, aber zu schlau, um zu protestieren oder sogar Einwände zu erheben. Er hat die *Cape*

Times gelesen und weiß, was mit Gleichgesinnten passiert. Er möchte nicht denunziert und geächtet werden.

Wenn Mr. Whelan auch beileibe nicht begeistert davon ist, den Nichtkatholiken die Heilige Schrift nahezubringen, kann er doch die Evangelien nicht ganz vernachlässigen. »Und wer dich schlägt auf einen Backen, dem biete den anderen auch dar«, liest er aus dem Lukas-Evangelium vor. »Was will Jesus damit sagen? Will er sagen, daß wir nicht mutig unsere Sache vertreten sollen? Will er sagen, daß wir Weichlinge sein sollen? Natürlich nicht. Aber wenn ein Rowdy zu dir kommt und eine Schlägerei anzetteln will, sagt Jesus: Laß dich nicht provozieren. Es gibt bessere Möglichkeiten, Meinungsverschiedenheiten auszutragen, als durch Handgreiflichkeiten.«

»Denn wer da hat, dem wird gegeben; wer aber nicht hat, von dem wird genommen, auch was er meint zu haben. – Was will Jesus damit sagen? Will er damit sagen, der einzige Weg, Erlösung zu erlangen, besteht darin, allen Besitz zu verschenken? Nein. Wenn Jesus gewollt hätte, daß wir in Lumpen herumlaufen, hätte er das gesagt. Jesus spricht in Gleichnissen. Er sagt uns, daß die unter uns, die wahrhaft glauben, den Himmel zum Lohn erhalten, während auf die Ungläubigen ewige Höllenpein wartet.«

Er fragt sich, ob Mr. Whelan sich bei den Brüdern erkundigt – besonders bei Bruder Odilo, der die Schulfinanzen verwaltet und das Schulgeld einsammelt –, ehe er den Nichtkatholiken diese Lehrsätze verkündet. Mr. Whelan, der Laienlehrer, glaubt eindeutig, daß Nichtkatholiken Heiden sind, verdammt. Die Brüder selber sind dagegen recht tolerant.

Sein innerer Widerstand gegen Mr. Whelans Bibelstunden geht tief. Er ist sich sicher, daß Mr. Whelan keinen

Schimmer davon hat, was die Gleichnisse Jesu wirklich bedeuten. Obwohl er selbst Atheist ist, schon immer gewesen ist, hat er das Gefühl, Jesus besser zu verstehen als Mr. Whelan. Ihm ist Jesus nicht sympathisch – er bekommt zu leicht Wutanfälle –, aber er ist bereit, ihn zu tolerieren. Wenigstens hat Jesus nicht behauptet, Gott zu sein, und ist gestorben, ehe er Vater werden konnte. Das ist Jesu Stärke; so behält Jesus seine Macht.

Doch es gibt einen Abschnitt im Lukas-Evangelium, den er nicht gern hört. Wenn sie dahin kommen, erstarrt er, verschließt die Ohren. Die Frauen kommen am Grab an, um Jesu Leichnam zu salben. Jesus ist nicht da. Statt dessen finden sie zwei Engel. »Was suchet ihr den Lebendigen bei den Toten?« fragen die Engel. »Er ist nicht hier; er ist auferstanden.« Er weiß, wenn er seine Ohren öffnen würde und die Worte zu sich dringen ließe, dann würde er auf seinen Stuhl klettern und einen Triumphschrei ausstoßen müssen. Er müßte sich für alle Zeiten lächerlich machen.

Er hat nicht das Gefühl, daß Mr. Whelan ihm persönlich übel will. Trotzdem ist die beste Punktzahl, die er je in Englischprüfungen bekommt, die 70. Mit 70 kann er nicht Erster in Englisch werden, bevorzugte Schüler schlagen ihn mit Leichtigkeit. Auch in Geschichte und Geographie, die ihn mehr denn je langweilen, ist er nicht besonders gut. Nur die guten Noten, die er in Mathematik und Latein erreicht, bringen ihn mit Müh und Not an die Spitze, vor Oliver Matter, dem Schweizer Jungen, der Klassenerster gewesen ist, ehe er kam.

Jetzt, da er in Oliver auf einen würdigen Gegner gestoßen ist, wird sein alter Schwur, immer ein Zeugnis als Klassenerster nach Hause zu bringen, zu einer Sache der eisernen persönlichen Ehre. Obwohl er seiner Mutter nichts davon erzählt, bereitet er sich auf den unerträglichen Tag vor, den Tag, an dem er ihr gestehen muß, daß er der Zweite ist.

Oliver Matter ist ein freundlicher, lächelnder, mondgesichtiger Junge, dem es bei weitem nicht so viel auszumachen scheint, der Zweite zu sein, wie ihm. Jeden Tag messen er und Oliver Matter sich im Wettkampf der schnellen Antworten, den Bruder Gabriel durchführt, indem er die Jungen in einer Reihe aufstellt, die er abschreitet und dabei Fragen stellt, die in fünf Sekunden beantwortet werden müssen, wobei jeder, der eine Antwort schuldig bleibt, ans Ende der Reihe geschickt wird. Wenn die Runde vorbei ist, stehen immer entweder er oder Oliver an der Spitze.

Dann kommt Oliver eines Tages nicht mehr zur Schule. Nach einem Monat ohne Erklärung gibt Bruder Gabriel etwas bekannt. Oliver ist im Krankenhaus, er hat Leukämie, alle müssen für ihn beten. Mit gesenkten Häuptern beten die Jungen. Da er nicht an Gott glaubt, betet er nicht, bewegt nur die Lippen. Er denkt: Alle werden glauben, ich möchte, daß Oliver stirbt, damit ich Erster sein kann.

Oliver kommt nie wieder. Er stirbt im Krankenhaus. Die katholischen Schüler nehmen an einer Sondermesse für den Frieden seiner Seele teil.

Die Bedrohung ist gewichen. Er atmet leichter; doch die alte Freude daran, Erster zu werden, ist verdorben.

Siebzehn

Das Leben in Kapstadt ist nicht so abwechslungsreich wie das Leben früher in Worcester. An den Wochenenden insbesondere gibt es nichts zu tun als den *Reader's Digest* zu lesen, Radio zu hören oder einen Cricketball herumzuschlagen. Mit dem Rad fährt er nicht mehr; in Plumstead gibt es nichts, wo man hinfahren könnte, nur meilenweit Häuser nach allen Seiten, und er ist sowieso zu groß für die Smiths, die allmählich wie ein Kinderrad wirkt.

Mit einem Rad in den Straßen herumzufahren erscheint ihm so nach und nach richtig lächerlich. Auch anderes, womit er sich früher intensiv beschäftigt hat, reizt ihn nicht mehr: der Bau von Meccano-Modellen, Briefmarkensammeln. Er weiß nicht mehr, warum er seine Zeit damit verschwendet hat. Stunden verbringt er im Badezimmer damit, sich im Spiegel zu betrachten, und ihm gefällt nicht, was er sieht. Er hört auf zu lächeln und übt sich darin, ein mürrisches Gesicht zu machen.

Die einzige Leidenschaft, die nicht nachgelassen hat, ist die für Cricket. Er kennt keinen anderen, der so ein Cricketnarr ist wie er. Er spielt in der Schule Cricket, doch das reicht ihm nie. Das Haus in Plumstead hat vorn eine Veranda mit

Schieferboden. Dort spielt er allein, indem er das Schlagholz in der linken Hand hält, mit der rechten den Ball gegen die Wand wirft und ihn beim Zurückprall schlägt und sich dabei vorstellt, er sei auf einem Spielfeld. Stunde um Stunde schlägt er den Ball gegen die Wand. Die Nachbarn beschweren sich bei seiner Mutter über das Geräusch, aber er schert sich nicht drum.

Er hat über Trainingsanleitungen gebrütet, kennt die verschiedenen Würfe auswendig, kann sie mit der korrekten Beinarbeit ausführen. Die Wahrheit aber ist, daß er sein Spiel allein auf der Veranda richtigem Cricket vorzieht. Die Aussicht, auf einem richtigen Spielfeld zu schlagen, begeistert ihn, macht ihm aber auch angst. Besonders fürchtet er sich vor scharfen Werfern, fürchtet sich davor, getroffen zu werden, fürchtet sich vor dem Schmerz. Wenn er richtiges Cricket spielt, muß er sich voll darauf konzentrieren, nicht zurückzuzucken, sich nicht zu verraten.

Er macht kaum Läufe. Wenn er nicht sofort ausgeschlagen wird, kann er manchmal eine halbe Stunde lang schlagen, ohne einen Punkt zu erzielen, was alle irritiert, seine Mannschaft eingeschlossen. Er fällt anscheinend in einen Trancezustand der Passivität, in dem es ausreicht, völlig ausreicht, den Ball einfach abzuwehren. Wenn er an diese Beispiele des Versagens denkt, tröstet er sich mit Geschichten von Länderspielen, die auf schwer bespielbarem Feld ausgetragen wurden, bei denen eine einsame Gestalt, gewöhnlich ein Mann aus Yorkshire, zäh, stoisch, mit zusammengepreßten Lippen alle Durchgänge hindurch schlägt und seinen Mann steht, während um ihn herum die Schlagmänner ausscheiden.

Als erster Schlagmann gegen die Unter-13 der Pinelands sieht er sich eines Freitagnachmittags einem großen, schlaksigen Jungen gegenüber, der, angefeuert von seiner Mannschaft, so scharf und ungestüm bowlt, wie er nur kann. Der Ball fliegt wer weiß wohin, an ihm vorbei, manchmal sogar am Torwächter vorbei; sein Schlagholz muß er fast gar nicht gebrauchen.

Beim dritten Wechsel trifft ein Ball auf dem Boden neben der Matte auf, springt hoch und prallt ihm gegen die Schläfe. »Jetzt reicht's aber!« denkt er noch wütend. »Das geht zu weit!« Die Feldspieler sehen ihn seltsam an. Er hört noch, wie der Ball auf den Knochen trifft – ein dumpfes Krachen, echolos. Dann verliert er das Bewußtsein und fällt um.

Er liegt am Rande des Spielfeldes. Gesicht und Haare sind naß. Er schaut sich nach seinem Schlagholz um, kann es aber nicht entdecken.

»Bleib liegen und ruh dich ein Weilchen aus«, sagt Bruder Augustine. Seine Stimme ist recht fröhlich. »Du hast was abbekommen.«

»Ich möchte schlagen«, murmelt er und richtet sich auf. So gehört es sich, weiß er – es beweist, daß man kein Feigling ist. Doch er kann nicht schlagen – er ist ausgeschieden, ein anderer schlägt schon an seiner Statt.

Er hätte erwartet, daß sie mehr Aufhebens davon machen würden. Er hätte einen Entrüstungssturm gegen den gefährlichen Werfer erwartet. Aber das Spiel geht weiter, und seine Mannschaft schlägt sich wacker. »Alles in Ordnung? Tut es weh?« fragt ein Mannschaftskamerad und wartet dann kaum seine Antwort ab. Er sitzt am Rande des Spielfelds und sieht bei den restlichen Durchgängen zu. Später spielt er als Fänger. Es wäre ihm recht, wenn er Kopfschmerzen hätte; es wäre ihm recht, wenn er plötzlich nichts mehr sehen könnte, wenn er ohnmächtig werden oder etwas ähnlich Dramatisches passieren würde. Doch ihm geht es gut. Er befühlt die

Schläfe. Da ist eine schmerzende Stelle. Er hofft, daß sie anschwillt und bis morgen blau wird, zum Beweis, daß es ihn wirklich getroffen hat.

Wie alle anderen in der Schule muß er auch Rugby spielen. Sogar ein Junge namens Shepherd, dessen linker Arm durch Kinderlähmung verkrüppelt ist, muß spielen. Die Mannschaftsaufstellung ist ganz willkürlich. Er muß als Prop-Forward für die Unter-13Bs spielen. Sie spielen jeden Samstagmorgen. Samstags regnet es immer; frierend, naß und unglücklich trottet er von Gedränge zu Gedränge über den durchweichten Rasen und wird von größeren Jungen herumgestoßen. Weil er als Prop-Forward spielt, gibt niemand den Ball an ihn ab, wofür er dankbar ist, da er Angst hat, gefaßt zu werden. Und sowieso ist der Ball, den man zum Schutz des Leders eingefettet hat, zu rutschig, um ihn festzuhalten.

Er würde sich samstagmorgens krank melden, wenn das nicht bedeuten würde, daß die Mannschaft dann nur vierzehn Spieler hätte. Nicht zu einem Rugbymatch zu erscheinen, ist viel schlimmer, als nicht zur Schule zu kommen.

Die Unter-13Bs verlieren alle ihre Spiele. Auch die Unter-13As verlieren meistens. Tatsächlich verlieren die meisten Mannschaften der St.-Joseph-Schule meistens. Er versteht nicht, warum man an der Schule überhaupt Rugby spielt. Die Brüder, die Österreicher oder Iren sind, legen bestimmt keinen Wert darauf. Bei den wenigen Malen, wo sie zuschauen kommen, machen sie einen verwirrten Eindruck und begreifen den Spielverlauf nicht.

In ihrem untersten Kommodenfach hat die Mutter ein Buch mit einem schwarzen Einband, auf dem *Die ideale Ehe* steht. Es handelt von Sex; er weiß seit Jahren davon. Eines Tages entwendet er es aus dem Schubfach und nimmt es mit in die Schule. Es sorgt für Aufregung bei seinen Freunden; er ist offenbar der einzige, dessen Eltern ein solches Buch besitzen.

Obwohl die Lektüre enttäuscht – die Zeichnungen der Geschlechtsorgane wirken wie Abbildungen in naturwissenschaftlichen Lehrbüchern, und selbst im Abschnitt über Stellungen gibt es nichts Aufregendes (das Einführen des männlichen Organs in die Vagina klingt wie die Verabreichung eines Klistiers) –, studieren es die anderen Jungen gierig, bewerben sich lauthals darum, es auszuleihen.

Während des Chemieunterrichts läßt er das Buch in seinem Pult zurück. Als sie zurückkommen, macht Bruder Gabriel, der normalerweise recht fröhlich ist, eine frostige, mißbilligende Miene. Er ist überzeugt, daß Bruder Gabriel sein Pult geöffnet und das Buch gesehen hat; sein Herz schlägt heftig, als er auf die Bekanntgabe wartet und die Schande, die ihr folgen wird. Das tritt nicht ein; doch in jeder beiläufigen Bemerkung Bruder Gabriels entdeckt er eine verhüllte Anspielung auf das Böse, das er, ein Nichtkatholik, in die Schule eingeschleppt hat. Alles ist verdorben zwischen ihm und Bruder Gabriel. Er bereut bitter, das Buch in die Schule mitgenommen zu haben; er trägt es nach Hause, legt es wieder in die Schublade zurück und schaut es nie wieder an.

Eine Weile treffen er und seine Freunde sich immer während der Pause in einer Ecke des Sportplatzes, um über Sex zu reden. Zu diesen Diskussionen steuert er Verschiedenes bei, was er aus dem Buch hat. Aber das ist offenbar nicht interessant genug; bald sondern sich die älteren Jungen zu eigenen Gesprächen ab, bei denen die Stimme plötzlich gesenkt und geflüstert wird, dann brüllendes Gelächter hervorbricht. Im Mittelpunkt dieser Gespräche steht Billy Owens, der vierzehn ist, eine sechzehnjährige Schwester hat und

Mädchen kennt. Owens besitzt eine Lederjacke, die er zu Tanzveranstaltungen trägt, und hat eventuell sogar schon Geschlechtsverkehr gehabt.

Er freundet sich mit Theo Stavropoulos an. Es gibt Gerüchte, daß Theo eine Tunte, daß er schwul ist, aber er ist nicht bereit, ihnen zu glauben. Ihm gefällt, wie Theo aussieht, ihm gefällt seine schöne Haut, seine gesunde Gesichtsfarbe, sein makelloser Haarschnitt und die weltmännische Art, wie er seine Sachen trägt. Sogar der Schulblazer mit seinen blöden Längsstreifen wirkt gut bei ihm.

Theos Vater besitzt eine Fabrik. Was die Fabrik genau herstellt, weiß keiner so recht, aber es hat etwas mit Fisch zu tun. Die Familie wohnt in einem großen Haus im vornehmsten Teil von Rondebosch. Sie haben so viel Geld, daß die Jungen zweifellos ins Diözesan-College gehen würden, wenn sie keine Griechen wären. Weil sie Griechen sind und einen ausländischen Namen haben, müssen sie die St.-Joseph-Schule besuchen, die, wie er jetzt sieht, eine Art Netz darstellt, das Jungen auffängt, die sonst nirgends hinpassen.

Er bekommt Theos Vater nur einmal zu sehen – einen großen, elegant gekleideten Mann mit dunkler Brille. Seine Mutter sieht er häufiger. Sie ist klein und schlank und dunkelhaarig; sie raucht Zigaretten und fährt einen blauen Buick, von dem behauptet wird, er sei das einzige Auto mit automatischer Schaltung in Kapstadt – vielleicht in Südafrika. Es existiert auch eine ältere Schwester, so schön, so kostspielig ausgebildet, eine so gute Partie, daß man sie nicht den Blicken von Theos Freunden aussetzen will.

Die Stavropoulos-Jungen werden morgens in dem blauen Buick zur Schule gefahren, manchmal von der Mutter, doch öfter von einem Chauffeur in schwarzer Uniform und Schirmmütze. Der Buick kommt großspurig in den Schulhof gerauscht, Theo und sein Bruder steigen aus, der Buick rauscht wieder ab. Er versteht nicht, wieso Theo das zuläßt. An Theos Stelle würde er sich einen Häuserblock vorher absetzen lassen. Aber Theo nimmt die Scherze und das Gejohle gelassen auf.

Eines Tages lädt ihn Theo zu sich nach Hause ein. Als sie dort ankommen, stellt er fest, daß sie zum Mittagessen erwartet werden. Sie setzen sich also um drei Uhr nachmittags an den mit silbernem Besteck und sauberen Servietten gedeckten Tisch, und ein Butler in weißer Uniform, der während sie essen hinter Theos Stuhl steht und auf Befehle wartet, serviert ihnen Steak und Chips.

Er tut sein Bestes, um seine Verwunderung nicht zu zeigen. Er weiß, daß es Leute gibt, die bedient werden; es war ihm bisher nicht klar gewesen, daß auch Kinder Diener haben können.

Dann fahren Theos Eltern mit der Schwester ins Ausland – dem Gerücht nach soll die Schwester an einen englischen Baronet verheiratet werden – und Theo und sein Bruder kommen ins Internat. Er erwartet, daß diese Erfahrung niederschmetternd für Theo sein wird – durch den Neid und die Bösartigkeit der anderen Internatszöglinge, durch das schlechte Essen, durch die Würdelosigkeit eines Lebens ohne Privatsphäre. Er erwartet auch, daß Theo nun den gleichen Haarschnitt verpaßt bekommt wie alle anderen. Doch irgendwie schafft es Theo, seine elegante Frisur zu behalten; obwohl er diesen Namen hat, eine sportliche Niete ist und das Gerücht kursiert, er sei eine Tunte, verliert er sein nettes Lächeln nicht, beklagt sich nie, läßt sich nicht demütigen.

Theo sitzt dicht an ihn gedrückt neben ihm auf der Schulbank, unter dem Bild von Jesus, der seinen Brustkorb öffnet, um ein brennendes rubinrotes Herz zu zeigen. Sie sollen eigentlich den Geschichtsstoff wiederholen; doch sie haben eine kleine Grammatik vor sich liegen, aus der Tony ihm Altgriechisch beibringt. Altgriechisch mit neugriechischer Aussprache – ihm gefällt das Ungewöhnliche daran. *Aftós*, flüstert Theo; *evdhemonía*. *Evdhemonía*, spricht er flüsternd nach.

Bruder Gabriel spitzt die Ohren. »Was treibst du da, Stavropoulos?« will er wissen.

»Ich bringe ihm Griechisch bei, Bruder«, sagt Theo in seiner offenen, selbstbewußten Art.

»Setz dich auf deinen eigenen Platz.«

Theo lächelt und schlendert auf seinen Platz.

Die Brüder können Theo nicht leiden. Seine Überheblichkeit ärgert sie; genau wie die Jungen sind sie wegen seines Geldes gegen ihn eingenommen. Die Ungerechtigkeit des Ganzen wurmt ihn; er würde gern für Theo kämpfen.

Achtzehn

Die Mutter arbeitet wieder als Lehrerin, um sie über die Runden zu bringen, bis die neue Anwaltskanzlei des Vaters Geld abwirft. Für die Hausarbeit engagiert sie eine Hausgehilfin, eine dürre, fast zahnlose Frau, die Celia heißt. Manchmal bringt Celia zu ihrer Gesellschaft die jüngere Schwester mit. Als er eines Nachmittags aus der Schule nach Hause kommt, findet er die beiden in der Küche beim Teetrinken vor. Die jüngere Schwester, die attraktiver als Celia ist, lächelt ihn an. An ihrem Lächeln ist etwas, das ihn verlegen macht; er weiß nicht, wohin er schauen soll, und zieht sich in sein Zimmer zurück. Er hört sie lachen und weiß, daß sie über ihn lachen.

Etwas verändert sich. Er ist anscheinend ständig verlegen. Er weiß nicht, wohin er blicken soll, was er mit den Händen anfangen soll, wie er sich aufrecht halten soll, welches Gesicht er machen soll. Alle starren ihn an, fällen Urteile über ihn, finden etwas an ihm auszusetzen. Ihm ist zumute wie einer Krabbe, die man aus ihrem Gehäuse gezogen hat, rot und wund und obszön.

Früher hatte er immer viele Einfälle, wohin er gehen konnte, worüber er sprechen konnte, was er machen konnte.

Er war den anderen immer ein Stück voraus – er war der Anführer, die anderen folgten ihm. Jetzt ist die Energie, die er früher verströmte, fort. Mit dreizehn wird er mürrisch, mißmutig, finster. Er mag dieses neue, häßliche Ich nicht, er möchte daraus hervorgezogen werden, aber das ist etwas, was er nicht selbst tun kann. Aber wen gibt es, der es für ihn tun wird?

Sie besuchen die neue Kanzlei des Vaters, um sich ein Bild zu machen. Sie befindet sich in Goodwood, was zu dem Afrikaans-Vorortgürtel Goodwood-Parow-Bellville gehört. Die Kanzleifenster sind dunkelgrün gestrichen; auf dem Grün steht mit Goldbuchstaben PROKUREUR – Z COETZEE – RECHTSANWALT. Im Inneren ist es düster, schwere Sessel, gepolstert mit Roßhaar und rotem Leder, stehen herum. Die juristischen Bücher, die mit ihnen durch Südafrika gereist sind, seit der Vater 1937 zum letzten Mal eine Praxis gehabt hat, sind aus ihren Kartons aufgetaucht und stehen im Regal. Müßig schlägt er unter ›Vergewaltigung‹ nach. Schwarze stecken das männliche Organ manchmal ohne Penetration zwischen die Schenkel der Frau, erläutert eine Fußnote. Diese Praxis fällt unter Gewohnheitsrecht. Sie stellt keine Vergewaltigung dar.

Beschäftigen sie sich bei Gericht mit solchen Sachen, fragt er sich – streiten sie, wohin der Penis gesteckt wurde?

Die Praxis seines Vaters geht offenbar gut. Er beschäftigt nicht nur eine Schreibkraft, sondern auch einen Rechtsreferendar namens Eksteen. Eksteen überläßt er die Routinesachen wie Eigentumsübertragungen und Testamente; seine eigenen Bemühungen widmet er der spannenden Gerichtsarbeit, die darin besteht, *Leute freizukämpfen.* Täglich kommt er mit neuen Geschichten von Leuten, die er freigekämpft hat, heim, Geschichten davon, wie dankbar sie ihm sind.

Die Mutter interessiert sich weniger für die Leute, die er freigekämpft hat, als für die wachsenden Außenstände. Besonders ein Name taucht immer wieder auf: Le Roux, der Autohändler. Sie läßt dem Vater keine Ruhe: er ist Anwalt, da muß er doch Le Roux dazu bringen können, zu bezahlen. Le Roux wird seine Schulden ganz gewiß am Monatsende begleichen, antwortet der Vater, er hat es versprochen. Doch am Ende des Monats zahlt Le Roux wieder nicht.

Le Roux bezahlt nicht, und er verdrückt sich auch nicht. Im Gegenteil, er lädt den Vater zu Drinks ein, verspricht ihm mehr Arbeit, malt rosige Bilder davon, wieviel Geld mit dem Gebrauchtwagenhandel zu machen sei.

Die Streitereien zu Hause werden zorniger, gleichzeitig aber vorsichtiger. Er fragt die Mutter, was vor sich geht. Sie sagt bitter, Jack habe Le Roux Geld geliehen.

Mehr braucht er nicht zu hören. Er kennt den Vater, weiß, was vor sich geht. Sein Vater giert nach Anerkennung, würde alles tun, um beliebt zu sein. In den Kreisen, in denen sich der Vater bewegt, kann man sich nur auf zweierlei Art beliebt machen – indem man Leuten die Zeche zahlt und indem man ihnen Geld leiht.

Kinder sollen eigentlich nicht in Bars gehen. Aber in der Bar des Fraserburg-Road-Hotels haben er und sein Bruder an einem Tisch in der Ecke gesessen, Orangensaft getrunken und zugesehen, wie der Vater eine Runde Brandy und Soda nach der anderen für Fremde bezahlt hat, und haben so diese andere Seite von ihm kennengelernt. Er kennt also die äußerst joviale Stimmung, in die der Brandy ihn versetzt, das Prahlen, die großen verschwenderischen Gesten.

Begierig und finster hört er sich die Klagemonologe seiner Mutter an. Obwohl er nicht länger auf die Schliche seines Vaters hereinfällt, kann er sich nicht darauf verlassen, daß sie hart bleibt – zu oft in der Vergangenheit hat er erlebt, wie der Vater sie beschwatzt hat. »Hör nicht auf ihn«, warnt er sie. »Er belügt dich die ganze Zeit.«

Der Ärger mit Le Roux wird schlimmer. Es gibt lange Telefongespräche. Ein neuer Name taucht auf: Bensusan. Bensusan ist zuverlässig, sagt die Mutter. Bensusan ist Jude, er trinkt nicht. Bensusan wird Jack retten, ihn auf den rechten Pfad zurückführen.

Aber da ist nicht nur Le Roux, stellt sich heraus. Da sind noch andere Männer, andere Trinkkumpane, denen der Vater Geld geliehen hat. Er kann es nicht glauben, kann es nicht verstehen. Wo kommt das ganze Geld her, wenn der Vater nur einen Anzug hat und ein Paar Schuhe und mit dem Zug zur Arbeit und zurück fahren muß? Verdient man wirklich so schnell so viel Geld damit, Leute freizukämpfen?

Er hat Le Roux nie zu sehen bekommen, doch er kann ihn sich sehr gut vorstellen. Le Roux wird ein rotgesichtiger Afrikaaner mit blondem Schnurrbart sein; er wird einen blauen Anzug und einen schwarzen Schlips tragen; er wird ein wenig dick sein und viel schwitzen und mit lauter Stimme dreckige Witze erzählen.

Le Roux sitzt mit dem Vater in der Bar in Goodwood. Wenn der Vater nicht hinsieht, gibt Le Roux den anderen Männern in der Bar Zeichen. Le Roux verkauft den Vater für dumm. Er empfindet brennende Scham darüber, daß sein Vater so dämlich ist.

Das Geld, stellt sich heraus, gehört nicht wirklich dem Vater. Daher hat sich Bensusan eingeschaltet. Bensusan arbeitet für die Rechtssozietät. Die Sache ist ernst: das Geld stammt von Vaters Treuhandkonto. »Was ist ein Treuhandkonto?« fragt er die Mutter. »Das ist Geld, das er als Treuhänder verwaltet.« »Warum setzen ihn Leute als Treuhänder für ihr

Geld ein?« fragt er. »Die müssen verrückt sein.« Die Mutter schüttelt den Kopf. Anwälte haben Treuhandkontos, sagt sie, Gott weiß warum. »Jack ist wie ein Kind in Geldfragen«, sagt sie.

Bensusan und die Rechtssozietät sind auf der Bildfläche erschienen, weil es Leute gibt, die den Vater retten wollen, Bekannte aus alten Tagen, als er Chef der Mietrechtsstelle war, ehe die Nationale Partei an die Macht kam. Sie sind dem Vater wohlgesonnen, sie wollen nicht, daß er ins Gefängnis muß. Den alten Zeiten zuliebe, und weil er Frau und Kinder hat, werden sie die Augen vor gewissen Dingen verschließen, gewisse Vorkehrungen treffen. Er kann Rückzahlungen über fünf Jahre machen; dann wird das Kapitel geschlossen, die Sache vergessen sein.

Die Mutter nimmt selbst die Hilfe eines Rechtsanwalts in Anspruch. Sie möchte ihre Besitztümer von denen ihres Mannes trennen, ehe ein neues Unglück hereinbricht – den Wohnzimmertisch, zum Beispiel; die Kommode mit dem Spiegel; den Kaffeetisch aus Stinkbaumholz, den sie von Tante Annie hat. Sie hätte gern ihren Ehekontrakt, der sie beide für die Schulden des anderen verantwortlich macht, geändert. Aber Ehekontrakte, so stellt sich heraus, können nicht verändert werden. Wenn der Vater untergeht, geht auch die Mutter unter, sie und die Kinder.

Eksteen und der Schreibkraft wird gekündigt, die Kanzlei in Goodwood wird geschlossen. Er bekommt nie zu sehen, was mit dem grünen Fenster und der Goldschrift passiert. Seine Mutter gibt weiter Unterricht. Der Vater schaut sich nach Arbeit um. Jeden Morgen pünktlich um sieben macht er sich in die Stadt auf. Doch ein oder zwei Stunden später – das ist sein Geheimnis –, wenn alle anderen aus dem Haus sind, kommt er zurück. Er zieht wieder den Schlafanzug an und geht mit dem Kreuzworträtsel der *Cape Times*, einer Taschenflasche Brandy und einem Krug Wasser ins Bett. Um zwei nachmittags, ehe die anderen zurückkommen, zieht er sich an und geht in seinen Klub.

Der Klub heißt Wynberg-Klub, gehört aber eigentlich zum Wynberg-Hotel. Dort ißt der Vater und verbringt den Abend trinkend. Manchmal hält irgendwann nach Mitternacht ein Wagen vorm Haus – er wacht von dem Geräusch auf, er schläft nicht fest –, die Haustür geht auf, der Vater kommt herein und geht auf die Toilette. Dann dringt aus dem Schlafzimmer der Eltern erregtes Geflüster. Am Morgen sind dunkelgelbe Spritzer auf dem Fußboden der Toilette und auf dem WC-Sitz, und es riecht ekelhaft süßlich.

Er malt ein Schild und hängt es in die Toilette: BITTE SITZ HOCHKLAPPEN. Das Schild wird nicht beachtet. Auf den WC-Sitz zu urinieren ist die letzte Trotzhandlung des Vaters gegen Frau und Kinder, die nicht mehr mit ihm reden.

Eines Tages, als er nicht zur Schule geht, krank ist oder vorgibt, es zu sein, entdeckt er das Geheimnis seines Vaters. Von seinem Bett aus hört er, wie sich der Schlüssel im Haustürschloß dreht, hört, wie sich der Vater im Zimmer nebenan niederläßt. Später gehen sie, schuldbewußt, ärgerlich, im Korridor aneinander vorbei.

Ehe der Vater nachmittags aus dem Haus geht, holt er die Post aus dem Briefkasten und entfernt gewisse Briefe, die er unten in seinem Kleiderschrank versteckt, unter der Auskleidung mit Schrankpapier. Als die Dämme schließlich brechen, ist es das geheime Briefversteck im Schrank – Rechnungen aus Goodwood-Tagen, Zahlungsaufforderungen, Briefe von Rechtsanwälten –, das seine Mutter am meisten erbittert. »Wenn ich es nur gewußt hätte, dann hätte ich einen Plan machen können«, sagt sie. »Jetzt ist alles zu spät.«

Überall hat der Vater Schulden. Zu jeder Tages- und Nachtzeit kommen Besucher, Besucher, die er nicht zu sehen bekommt. Jedesmal wenn es an der Haustür klopft, schließt sich der Vater im Schlafzimmer ein. Die Mutter begrüßt die Besucher gedämpft, geleitet sie ins Wohnzimmer, schließt die Tür. Hinterher hört er sie in der Küche zornig vor sich hin flüstern.

Es ist die Rede von den Anonymen Alkoholikern, daß der Vater zu den Anonymen Alkoholikern gehen soll, um zu beweisen, daß er es ernst meint. Der Vater verspricht es, geht aber nicht hin.

Zwei Gerichtsvollzieher kommen, um ein Inventar dessen, was sich im Haus befindet, zu erstellen. Es ist ein sonniger Samstagmorgen. Er zieht sich in sein Schlafzimmer zurück und versucht zu lesen, aber es funktioniert nicht; die Männer verlangen Zutritt zu seinem Zimmer, zu jedem Zimmer. Er geht in den Hinterhof. Selbst dahin folgen sie ihm, schauen sich um, machen sich Notizen.

Die ganze Zeit über kocht er vor Zorn. *Dieser Mann*, so nennt er den Vater, wenn er mit der Mutter spricht, zu voll von Haß, um ihn beim Namen zu nennen; warum müssen wir etwas mit *diesem Mann* zu tun haben? Warum läßt du *diesen Mann* nicht einfach ins Gefängnis gehen?

Er hat fünfundzwanzig Pfund auf seinem Postsparbuch. Die Mutter schwört ihm, daß niemand seine fünfundzwanzig Pfund antasten wird.

Ein Mr. Golding kommt sie besuchen. Obwohl Mr. Golding ein Farbiger ist, hat er bei Vaters Angelegenheiten ein gewichtiges Wort mitzureden. Man bereitet sich sorgfältig auf den Besuch vor. Mr. Golding wird im Vorderzimmer empfangen, wie die anderen Besucher auch. Ihm wird Tee im selben Teeservice serviert. Man hofft, daß Mr. Golding dafür, daß man ihn so gut behandelt, keine Anzeige erstattet.

Mr. Golding trifft ein. Er trägt einen doppelreihigen Anzug, er lächelt nicht. Er trinkt den von der Mutter servierten Tee, will aber nichts versprechen. Er will sein Geld.

Nachdem er gegangen ist, gibt es eine Debatte, was mit der Teetasse geschehen soll. Es ist Brauch, scheint es, daß eine Tasse, aus der eine farbige Person getrunken hat, zerschlagen werden muß. Er ist erstaunt, daß die Familie seiner Mutter, die sonst an nichts glaubt, daran glaubt. Aber die Mutter wäscht am Ende die Tasse einfach mit einem Bleichmittel aus.

Schließlich kommt ihnen Tante Girlie aus Williston zur Hilfe, um die Familienehre zu retten. Sie setzt gewisse Bedingungen fest, und eine davon ist, daß Jack nie wieder als Rechtsanwalt praktizieren darf.

Der Vater stimmt den Bedingungen zu, ist bereit, das Dokument zu unterschreiben. Aber als es soweit ist, braucht es viel Überredungskunst, um ihn aus dem Bett zu bringen. Zuletzt taucht er auf, in grauen Trainingshosen und einer Schlafanzugjacke und barfuß. Wortlos unterschreibt er; dann geht er wieder ins Bett.

Später an diesem Abend zieht er sich an und verläßt das Haus. Wo er die Nacht zubringt, wissen sie nicht; er kommt erst am nächsten Tag wieder.

»Was hat es für einen Zweck, ihn unterschreiben zu lassen?« beklagt er sich bei der Mutter. »Er hat seine anderen Schulden nicht bezahlt, warum sollte das bei Girlie anders sein?«

»Kümmere dich nicht um ihn, ich werde ihr das Geld zurückzahlen«, antwortet sie.

»Wie denn?«

»Ich arbeite dafür.«

An ihrem Verhalten ist etwas, vor dem er nicht mehr die Augen verschließen kann, etwas Außergewöhnliches. Mit jeder neuen Enthüllung scheint sie stärker und eigensinniger zu werden. Als würde sie Schwierigkeiten auf sich ziehen, aus keinem anderen Grund als dem, der Welt zu zeigen, wieviel sie ertragen kann. »Ich werde alle seine Schulden abbezahlen«, sagt sie. »Ich zahle in Raten. Ich arbeite.«

Ihre ameisengleiche Entschlossenheit erzürnt ihn so sehr, daß er sie schlagen möchte. Was dahinter steckt, ist klar. Sie möchte sich für ihre Kinder aufopfern. Aufopferung ohne Ende – diesen Geist kennt er nur zu gut. Aber wenn sie sich dann ganz aufgeopfert hat, wenn sie die Kleider vom Leibe weg verkauft hat, selbst die Schuhe verkauft hat und auf blutenden Füßen herumläuft, wohin führt ihn das? Das ist ein Gedanke, den er nicht ertragen kann.

Die Dezemberferien sind da, und der Vater hat immer noch keine Arbeit. Sie sind jetzt alle vier im Haus, wie Ratten in einem Käfig, sie weichen einander aus, verstecken sich in getrennten Zimmern. Der Bruder vertieft sich in Comic-Hefte: *Eagle*, *Beano*. Ihm gefällt *Rover* am besten, mit den Geschichten von Alf Tupper, dem Sieger im Meilenlauf, der in einer Fabrik in Manchester arbeitet und sich von Fisch und Chips ernährt. Er versucht, sich in die Comics zu vertiefen, doch er kann nicht vermeiden, daß er bei jedem Flüstern und Knarren im Haus die Ohren spitzt.

Eines Morgens herrscht eine seltsame Stille. Seine Mutter ist fort, aber es liegt etwas in der Luft – ein Geruch, eine Aura, etwas Schweres –, das ihm sagt, daß *dieser* Mann noch im Haus ist. Er schläft doch bestimmt nicht mehr. Ist es möglich, daß er – unerhörtes Wunder – Selbstmord begangen hat?

Doch falls er Selbstmord begangen hat, wäre es dann nicht das beste so zu tun, als hätte er nichts bemerkt, damit die Schlaftabletten oder was er genommen hat, Zeit haben, ihre Wirkung zu entfalten? Und wie kann er seinen Bruder davon abhalten, Alarm zu schlagen?

In dem Krieg, den er gegen den Vater geführt hat, konnte er nie ganz sicher mit seinem Bruder rechnen. Soweit seine Erinnerung zurückreicht, haben die Leute immer festgestellt, daß der Bruder dem Vater ähnlich sieht, während er nach der Mutter geraten ist. Er hegt den Verdacht, daß der Bruder ein weiches Herz dem Vater gegenüber hat; er hegt den Verdacht, daß der Bruder mit seinem blassen, ängstlichen Gesicht und dem zuckenden Lid ganz allgemein ein Weichling ist.

Es ist sicher das beste, sich von *seinem* Zimmer fernzuhalten, damit er, wenn es hinterher Fragen gibt, sagen kann: »Ich habe mich mit meinem Bruder unterhalten«, oder: »Ich habe in meinem Zimmer gelesen«. Doch er kann seine Neugier nicht zügeln. Auf Zehenspitzen schleicht er zur Tür, stößt sie auf, schaut ins Zimmer.

Es ist ein warmer Sommermorgen. Es ist still, so still, daß er das Tschilpen der Spatzen draußen hören kann, das Flattern ihrer Flügel. Die Jalousien sind herabgelassen, die Vorhänge zugezogen. Es riecht nach Männerschweiß. In der Dunkelheit kann er erkennen, daß der Vater auf seinem Bett liegt. Aus seiner Kehle dringt ein leises Röcheln.

Er tritt näher. Seine Augen gewöhnen sich an die Dunkelheit. Der Vater hat Schlafanzughosen und ein Baumwollunterhemd an. Er ist unrasiert. Am Hals zeigt sich ein rotes V, wo die Sonnenbräune in die blasse Brust übergeht. Neben dem Bett befindet sich ein Nachttopf, in dem Zigarettenstummel in bräunlichem Urin schwimmen. Etwas Abstoßenderes hat er im Leben nicht gesehen.

Tabletten sind nicht zu sehen. Der Mann liegt nicht im Sterben, er schläft bloß. Er hat nicht den Mut, Schlaftabletten zu nehmen, wie er auch nicht den Mut hat, sich nach Arbeit umzusehen.

Seit dem Tag, als der Vater aus dem Krieg zurückkehrte, haben sie miteinander gekämpft, in einem zweiten Krieg, aus dem sein Vater keine Chance hatte, als Sieger hervorzugehen, weil er niemals hätte ahnen können, wie erbarmungslos, wie zäh sein Feind sein würde. Sieben Jahre hat sich dieser Krieg fortgeschleppt; heute hat er den Sieg errungen. Ihm ist zumute wie dem russischen Soldaten am Brandenburger Tor, der über den Ruinen von Berlin die rote Fahne hißt.

Doch gleichzeitig wünscht er sich, nicht hier zu sein und Augenzeuge der Schande zu werden. Das ist gemein! möchte er heulen – ich bin doch nur ein Kind! Er wünscht sich, jemand, eine Frau, würde ihn in die Arme nehmen, seine Wunden stillen, ihn trösten, ihm sagen, es sei nur ein böser Traum. Er denkt an die Wange seiner Großmutter – weich und kühl und trocken wie Seide – ihm zum Kuß dargeboten. Er wünscht sich, die Großmutter würde kommen und alles in Ordnung bringen.

In der Kehle des Vaters sammelt sich Schleim. Er hustet, dreht sich auf die Seite. Er öffnet die Augen, die Augen eines Mannes bei vollem Bewußtsein, der genau weiß, wo er ist. Die Augen erfassen ihn, wie er dasteht, wo er nicht sein sollte, und spioniert. In den Augen ist keine Verurteilung, doch auch keine Freundlichkeit.

Träge bewegt sich die Hand des Mannes nach unten und ordnet die Schlafanzughose.

Er erwartet eigentlich, daß der Mann etwas sagt, irgend etwas – »Wie spät ist es?« –, um es ihm leichter zu machen. Doch der Mann sagt nichts. Die Augen betrachten ihn immer noch, friedlich, abwesend. Dann schließen sie sich, und er ist wieder eingeschlafen.

Er kehrt in sein Zimmer zurück und schließt die Tür.

Manchmal hebt sich die düstere Stimmung. Die geschlossene Wolkendecke, die für gewöhnlich dicht über seinem Kopf ist, nicht so nah, daß man sie berühren kann, doch auch nicht viel weiter weg, öffnet sich einen Spalt, und für eine Minute kann er die Welt sehen, wie sie wirklich ist. Er sieht sich selbst in seinem weißen Hemd mit aufgekrempelten Ärmeln und den grauen kurzen Hosen, aus denen er bald herausgewachsen sein wird – kein Kind mehr, nicht das, was ein Vorübergehender als Kind bezeichnen würde, dafür ist er jetzt zu groß, zu groß, um diese Entschuldigung geltend zu machen, doch immer noch so einfältig und versponnen wie ein Kind: kindisch; töricht; dumm; zurückgeblieben. In einem solchen Augenblick kann er auch den Vater und die Mutter von oben, ohne Zorn sehen: nicht als zwei graue und gestaltlose Gewichte, die auf seinen Schultern lasten, Tag und Nacht sein Unglück planen, sondern als einen Mann und eine Frau, die ihr eigenes tristes und sorgenreiches Leben leben. Der Himmel öffnet sich, er sieht die Welt, wie sie ist, dann bewölkt sich der Himmel, und er ist wieder er selbst und lebt die einzige Geschichte, die er zuläßt, die eigene Geschichte.

Die Mutter steht am Ausguß, in der dunkelsten Küchenecke. Sie kehrt ihm den Rücken zu, auf ihren Armen sind Schaumflocken, sie scheuert einen Topf, ohne große Eile. Und er geht auf und ab, redet über irgend etwas, er weiß nicht worüber, er redet mit der üblichen Heftigkeit, beklagt sich.

Sie blickt von ihrer Arbeit hoch; ihr Blick streift über ihn. Es ist ein besorgter Blick, ohne jede Zärtlichkeit. Sie sieht ihn nicht zum ersten Mal. Eher sieht sie ihn, wie er immer gewesen ist und wie sie ihn immer gekannt hat, wenn sie sich keinen Illusionen hingibt. Sie sieht ihn, zieht Bilanz und ist nicht erfreut. Er langweilt sie sogar.

Das befürchtet er von ihrer Seite, von der Person auf der ganzen Welt, die ihn am besten kennt, die den riesigen Vorteil ihm gegenüber hat, alles über seine ersten, hilflosesten, intimsten Jahre zu wissen, Jahre, an die er trotz aller Anstrengungen keinerlei Erinnerung hat; die vielleicht, weil sie neugierig ist und ihre eigenen Informationsquellen hat, auch die armseligen Geheimnisse seines Schullebens kennt. Er hat Angst vor ihrem Urteil. Er fürchtet die kühlen Gedanken, die ihr in solchen Augenblicken durch den Kopf gehen müssen, wenn sie durch keine Leidenschaft gefärbt werden, wenn es keinen Grund dafür gibt, daß ihr Urteil anders als klar sein sollte; vor allem fürchtet er den Augenblick, einen Augenblick, der noch nicht gekommen ist, wenn sie ihr Urteil aussprechen wird. Es wird wie ein Blitzschlag sein; er wird es nicht aushalten können. Er will es nicht wissen. So vieles will er nicht wissen, daß er spürt, wie sich in seinem Kopf eine Hand hebt, die ihm die Ohren zuhält, die Augen zuhält. Lieber wäre er blind und taub als zu wissen, was sie von ihm hält. Lieber würde er wie eine Schildkröte in ihrem Panzer leben.

Diese Frau war nicht auf der Welt einzig und allein, um ihn zu lieben und zu beschützen und sich um seine Bedürfnisse zu kümmern. Im Gegenteil, sie hat schon vor seiner Entstehung ein Leben gehabt, ein Leben, in dem sie sich nicht den geringsten Gedanken um ihn zu machen brauchte. Zu einer gewissen Zeit in ihrem Leben hat sie ihn geboren; sie hat ihn geboren und hat sich entschieden, ihn zu lieben;

vielleicht hat sie ihn zu lieben beschlossen, noch ehe sie ihn geboren hatte; jedenfalls hat sie ihn zu lieben beschlossen, und daher kann sie beschließen, ihn nicht mehr zu lieben.

»Warte nur, bis du eigene Kinder hast«, sagt sie zu ihm in einer ihrer bittereren Stimmungen. »Dann wirst du es schon merken.« Was wird er merken? Es ist eine von ihr benutzte Formel, eine Formel, die klingt, als stamme sie aus alter Zeit. Vielleicht sagt das jede Generation zur nächsten, als Warnung, als Drohung. Doch er will es nicht hören. »Warte nur, bis du Kinder hast.« Was für Unsinn, was für ein Widerspruch! Wie kann ein Kind Kinder haben? Jedenfalls ist, was er wissen würde, wenn er Vater wäre, wenn er sein eigener Vater wäre, genau das, was er nicht wissen will. Er will den Blick nicht akzeptieren, den sie ihm aufzwingen will: nüchtern, enttäuscht, desillusioniert.

Neunzehn

Tante Annie ist tot. Trotz der Versprechen der Ärzte ist sie nach ihrem Sturz nie wieder gelaufen, nicht einmal mit einem Stock. Aus ihrem Bett im Volkshospitaal brachte man sie in ein Bett in einem Seniorenheim in Stikland, am Ende der Welt gelegen, wo niemand die Zeit hatte, sie zu besuchen, und wo sie einsam starb. Nun soll sie auf dem Woltemade-Friedhof Nr. 3 beerdigt werden.

Zuerst will er nicht mitgehen. In der Schule hört er genug Gebete, sagt er, mehr möchte er nicht hören. Er äußert frei seine Verachtung für die Tränen, die vergossen werden würden. Mit einem anständigen Begräbnis für Tante Annie wollen ihre Verwandten nur sich selbst ein ruhiges Gewissen verschaffen. Sie sollte in einer Grube im Garten des Seniorenheims begraben werden. Das würde Geld sparen.

In seinem Herzen meint er das nicht wirklich. Aber er muß so etwas seiner Mutter gegenüber äußern, muß beobachten, wie sich ihr Gesicht vor Schmerz und Empörung verkrampft. Was muß er noch alles sagen, ehe sie ihn anfährt und ihm befiehlt, den Mund zu halten?

Er denkt nicht gern an den Tod. Ihm wäre es lieber, wenn die Leute, sobald sie alt und krank werden, einfach aufhören würden zu existieren und verschwänden. Er verabscheut häßliche alte Körper; wenn er an alte Leute denkt, die sich ausziehen, schaudert ihm. Er hofft, daß in der Badewanne in ihrem Haus in Plumstead nie ein alter Mensch gesessen hat.

Sein eigener Tod ist etwas anderes. Nach seinem Tod ist er immer irgendwie anwesend, schwebt über der Szene, genießt den Kummer derer, die an seinem Tod schuld sind und die nun, wo es zu spät ist, wünschten, er wäre noch am Leben.

Schließlich geht er doch mit seiner Mutter zu Tante Annies Begräbnis. Er geht mit, weil sie ihn darum bittet, und er läßt sich gern bitten, genießt das Machtgefühl, das es ihm verleiht; er geht auch mit, weil er noch nie ein Begräbnis erlebt hat und sehen möchte, wie tief sie das Grab ausheben, wie der Sarg hineingesenkt wird.

Es ist bei weitem kein Begräbnis in großem Stil. Es gibt nur fünf Trauergäste und einen jungen niederländisch-reformierten Pfarrer mit Pickeln. Die fünf sind Onkel Albert mit Frau und Sohn, seine Mutter und er selbst. Er hat Onkel Albert jahrelang nicht gesehen. Er geht völlig krumm an seinem Stock; Tränen strömen aus seinen blaßblauen Augen; die Ecken seines Kragens stehen ab, als hätte ihm ein anderer den Schlips gebunden.

Der Leichenwagen trifft ein. Der Bestattungsunternehmer und sein Assistent sind in feierlichem Schwarz, viel eleganter gekleidet als sie alle (er trägt seine St.-Joseph-Schuluniform, einen Anzug besitzt er nicht). Der Pfarrer sagt ein Gebet in Afrikaans für die dahingeschiedene Schwester; dann fährt der Leichenwagen rückwärts ans Grab heran und der Sarg wird herausgeschoben und auf Pfählen über dem Grab abgesetzt. Zu seiner Enttäuschung wird er nicht ins Grab hinabgelassen – das muß warten, scheint es, bis die Friedhofsarbeiter eintreffen –, doch der Bestattungsunternehmer bedeutet ihnen diskret, daß sie Erde darauf werfen können.

Ein leichter Regen setzt ein. Die Sache ist erledigt; sie können gehen, können sich wieder ihrem eigenen Leben zuwenden.

Auf dem Weg zurück zum Tor, durch alte und neue Grabfelder, geht er hinter der Mutter und ihrem Cousin, Alberts Sohn, die leise miteinander reden. Sie haben den gleichen stapfenden Gang, stellt er fest, die gleiche Art, die Beine zu heben und wuchtig niederzusetzen, links, dann rechts, wie Bauern in Holzpantinen. Die du Biels aus Pommern – Bauern vom Land, zu langsam und schwer für die Stadt; nicht zu Hause dort.

Er denkt an Tante Annie, die sie hier im Regen zurückgelassen haben, im gottverlassenen Woltemade, denkt an die langen schwarzen Klauen, die ihr die Schwester im Krankenhaus abgeschnitten hat, die keiner mehr abschneiden wird.

»Du weißt so viel«, hat Tante Annie mal zu ihm gesagt. Es war kein Lob; obwohl ihre Lippen zu einem Lächeln verzogen waren, schüttelte sie gleichzeitig den Kopf. »So jung und weißt schon so viel. Wie willst du das alles im Kopf behalten?« Und sie beugte sich vor und pochte mit knochigem Finger an seinen Schädel.

Der Junge ist was Besonderes, hat Tante Annie zu seiner Mutter gesagt, und die Mutter hat es ihm weitergesagt. Aber in welcher Beziehung besonders? Keiner hat ihm das gesagt.

Sie sind beim Tor angekommen. Es regnet heftiger. Ehe sie ihre beiden Züge erreichen, den Zug nach Salt River und dann den Zug nach Plumstead, müssen sie durch den Regen zum Bahnhof von Woltemade stapfen.

Der Leichenwagen fährt an ihnen vorbei. Die Mutter hebt die Hand, um ihn anzuhalten, spricht mit dem Bestattungsunternehmer. »Sie nehmen uns in die Stadt mit«, sagt sie.

Also muß er in den Leichenwagen klettern und eingequetscht zwischen der Mutter und dem Bestattungsunternehmer sitzen und gemächlich die Voortrekker Road herunterfahren, sie dafür hassend und hoffend, daß keiner aus seiner Schule ihn sieht.

»Die Dame war Lehrerin, glaube ich«, sagt der Bestattungsunternehmer. Er hat einen schottischen Akzent. Ein Einwanderer – was kann der von Südafrika wissen, von Leuten wie Tante Annie?

Noch nie hat er einen behaarteren Mann gesehen. Schwarze Haare sprießen ihm aus der Nase und den Ohren, ragen in Büscheln aus seinen gestärkten Manschetten.

»Ja«, sagt die Mutter, »sie hat über vierzig Jahre lang unterrichtet.«

»Dann hat sie etwas Gutes hinterlassen«, sagt der Bestattungsunternehmer. »Ein vornehmer Beruf, der Lehrerberuf.«

»Was ist mit Tante Annies Büchern geschehen?« fragt er später die Mutter, als sie wieder allein sind. Er sagt Bücher, doch er meint nur die vielen Exemplare von *Ewige Genesing*.

Die Mutter weiß es nicht oder will es nicht sagen. Von der Wohnung, wo sie sich die Hüfte brach, ins Krankenhaus, dann ins Pflegeheim in Stikland und auf den Friedhof Woltemade Nr. 3 – und keiner hat einen Gedanken an die Bücher verschwendet, außer vielleicht Tante Annie selbst, an die Bücher, die keiner lesen wird; und nun liegt Tante Annie im Regen und wartet auf einen, der die Zeit findet, sie zu begraben. Ihm allein bleibt das Denken überlassen. Wie soll er sie alle im Kopf behalten, all die Bücher, all die Menschen, all die Geschichten? Und wenn er sich nicht an sie erinnert, wer dann?

Afrikaans-Wörter, die im Text nicht übersetzt sind

(das) *Veld* – subtropisches, sommer-feuchtes Grasland im inneren Hochland Südafrikas

S. 32 »*Al die veld is vrolik, al die voëltjes sing*« – Das ganze Veld ist fröhlich, alle Vögelchen singen

»*Uit die blou van onse hemel*« – Aus dem Blau unseres Himmels

»*Ons sal antwoord op jou roepstem, ons sal offer wat jy vra*« – Wir werden deinem Ruf folgen, wir werden opfern, was du verlangst

S. 71 *fok* – ficken

piel – Pimmel

poes – Fotze

gat – Arsch

poep-hol – Arschloch

S. 90 *Voetsek, hotnot! Loop! Loop!* – Verdammt, Hottentotte! Hau ab!

S. 94 *Jou moer!* – Kurzform des ordinären Fluches: *Jou moer se poes!*

S. 104 *Asseblief my nooi! Asseblief my basie!* – Bitte, meine Herrin! Bitte, mein Herr!

S. 106 *jy* – du

S. 153 *biltong* – getrocknete Fleischstreifen

Sies! – Pfui!

S. 154 *velskoen* – Halbstiefel aus weichem Rohleder

J. M. Coetzee
Eiserne Zeit
Roman

Aus dem Englischen von
Wulf Teichmann

Eiserne Zeit ist ein großartiges und beunruhigendes Buch von erschütternder Menschlichkeit. J. M. Coetzee, einer der meistgerühmten Autoren Südafrikas, schildert die Schicksalsgemeinschaft einer alten Frau und eines Obdachlosen.

»Ein ergreifendes, aufrüttelndes Zeugnis, das, trotz all seiner Bezüge zum politischen Geschehen, nie die Tatsache vergessen läßt, daß es ein Leben – und den Tod eines einzelnen Menschen beschreibt. Es gibt Passagen von spröder Schönheit, zornige Stellen und grimmigen Humor.
Coetzee bietet wenig Trost, doch am Schluß ist man getröstet. Es ist der Trost durch die Kunst.«

John Banville, *Evening Standard*

S. Fischer

J. M. Coetzee
Der Meister von Petersburg
Roman

Aus dem Englischen von
Wolfgang Krege

Eine literarische Fiktion um Fjodor Dostojewskij – ein meisterhaftes Porträt des russischen Dichters.

»Die Gestalt, die auf diesen Seiten zum Vorschein kommt, der Meister selbst, in seinem qualvollen Unglück, seiner schrecklichen Angst vor dem nächsten epileptischen Anfall, seiner ruhelosen Sexualität und seinem verzweifelten Spiel mit Gott, wird die Phantasie eines jeden gefangennehmen, der für die komplizierten Leidenschaften der slawischen Seele empfänglich ist.«

Patrick McGrath

S. Fischer

J. M. Coetzee

Im Herzen des Landes
Roman
Aus dem Englischen von Wulf Teichmann
Band 13253

Leben und Zeit des Michael K.
Roman
Aus dem Englischen von Wulf Teichmann
Band 13252

Mr. Cruso, Mrs. Barton und Mr. Foe
Roman
Aus dem Englischen von Wulf Teichmann
Band 13251

»Coetzee war und bleibt Südafrikas
bester Autor, der literarischste zumal,
der entrückendste, auch der menschlichste.«

Der Tagesspiegel